藝術叢刊

鄭銀淑著

項元汴之書畫收藏與藝術

文史哲出版社印行

項元汴之書畫收藏與藝術 / 鄭銀淑著 --
初版 -- 臺北市：文史哲,民 105.03 BOD印刷
頁; 公分（藝術叢刊；3）
參考書目： 頁
ISBN 978-957-547-476-8（平裝）

941.4

藝 術 叢 刊 3

項元汴之書畫收藏與藝術

著　　者：鄭　銀　淑
出 版 者：文 史 哲 出 版 社
http:// www.lapen.com.tw
e-mail:lapen@ms74.hinet.net
登記證字號：行政院新聞局版臺業字五三三七號
發 行 人：彭　正　雄
發 行 所：文 史 哲 出 版 社
印 刷 者：文 史 哲 出 版 社
臺北市羅斯福路一段七十二巷四號
郵政劃撥帳號：一六一八〇一七五
電話886-2-23511028・傳真886-2-23965656

定價新臺幣四二〇元

一九八四年（民七十三）十月初版
二〇一六年（民一〇五）三月初版再刷

ISBN 978-957-547-476-8　91103

那序

我在故宮博物院服務幾十年來，有不少次參加書畫編輯工作，例如故宮書畫錄、故宮名畫三百種，及歷次展覽的說明。在每次編寫時，總會注意到項元汴這個人。故宮所藏書畫名蹟，很多有他的印章鈐蓋在上面，有時在一幅上面，便鈐有幾十方之多。起初，我有些討厭這個人，漸漸地對他有了興趣，這是一位異乎常人的人物，他留下許多問題，供人研究，例如：

一、一般的收藏家，在所收藏的書畫上，鈐蓋一二方印章，表示自己收藏過，已是夠了，他爲什麼要鈐上這許多印呢？

二、他所收藏書畫，常常在一個下角處寫上一個字，後人稱它做「小字編號」。既有編號，應當有一本目錄，與它對照，不然編上這個字便無意義了。可是找不到他的目錄，也沒有人提到過他有這類的目錄。爲什麼呢？

三、他到底是收藏家，還是古董商？那樣多的名蹟落在他手，自己又能書善畫；可是他在許多名蹟後面，記上了價錢。這是做什麼？

對於這樣的一個人，倒是有研究的興趣。我曾收集了不少的資料，準備做一番研究，可是我總找不到充份的時間做整理的工作。

文化大學藝術研究所學生鄭銀淑，是一位韓國學生，有一天她告訴我，她認爲項元汴這個人問題很多，有研究的價值。我問她：你所謂的問題是什麼？她答覆我的話，與上述我所想到的頗爲相近。她又告訴我，她的論文題目，便寫項元汴。我告訴她，這個題目寫起來是要很吃力的。她表示可以在台灣多住兩年，完成這個工作。我聽了之後，非常喜歡，我想做而不能做的事，有人要做，豈不是一件可喜的事？我答應了她，願意把我的資料給她，並作論文的指導工作。

她做這個研究，做得非常澈底，她不但是到處搜索資料，還把石渠寶笈、故宮書畫錄、或古堂書畫彙號、墨緣彙觀……等大部頭的書，一頁頁地檢查，一一地記載下來，然後分類整理，她眞的是費了一番苦功夫。人家兩年就畢了業，他却讀了四年。

這一本書終於出版了。資料是相當的豐富，所有項氏印章，一律照原大影印，以供藝術界人士之參考。是一部在書畫研究上很好的參考書。

台灣文史哲出版社主人彭正雄先生素來提掖後進，我把這本書給他看過之後，立刻願意幫她出版，在這裏，我也應當表示我的謝意。

那志良識于華崗中國文化大學
中華民國七十二年九月九日

自序

我這本書能夠出版，全靠著幾個重要機緣：第一個機緣是我有幸於一九七九年秋天負笈來到中華民國，進入中國文化大學藝術研究所就讀；在四年之中，對於中國文化，尤其是中國藝術有了一些粗淺的認識。第二個機緣是我在校中認識了所長那志良老師，因爲他曾在故宮博物院服務五十多年，對於歷代文物公私收藏非常熟悉。第三個機緣是我選了項元汴做爲論文題目；當我決定了這個題目之後，那老師便把他多年來蒐集的有關項元汴的資料全部借給了我，也自然做了我的指導教授：除了以上三個機緣外，許多教導我的師長，協助我的朋友，都與這本書的出版有密切關係。

本書雖然以項元汴的收藏爲主，可是涉及項氏收藏的問題太多：例如項氏資產的來源、與項氏收藏有關的人物、收藏家與藝術家的關係、收藏家對於藝術史的貢獻，以及那師在序言中所提到的一些複雜的問題，我自己知道，那是不可能在短暫時間內做到完善的；所以它的出版只能代表自己到中華民國來學習的一點點成果，儘管它距離理想的水準還很遠。現在把它印出來，以供關心中國書畫史的人士做參考。希望它對於研究這一段歷史的人有些用處。

這本書的內容共分五章：

第一章：前言。爲全書之總綱，簡述書畫收藏在中國藝術史上的價值，項元汴對中國藝術史的貢獻及研究的方法及範圍等。

第二章：家世及生平。共分爲二節，在第一節中簡述項元汴歷代家族人物，並特別重視與項氏收藏有關的人物，次述項元汴本人之生平、性格及其家產資源等。

第三章：項元汴書畫之造詣。順便指出由於收藏的關係，對其畫風之影響，次述其相交遊的書畫家、收藏家，目的是爲了說明啟發他收藏的原因，以及個人收藏對他書畫創作的影響。

第四章：項元汴書畫收藏概述。這是本書的主要部分，爲了調查項元汴的收藏，曾檢查了很多圖錄和著錄的書。曾引用過的書籍已經列在圖表的前面。有關項元汴收藏的調查，我把它們分成五個表，爲了便於檢查和討論：我用表Aa、Ab爲印章；Ba、Bb、Bc、Bd、Be爲項元汴藏品編號；Ca、Cb、Cc、Cd爲項元汴收藏書畫表；Da、Db爲標明價格之項元汴藏品；至於項元汴自己的繪畫作品、題跋及有關收藏事蹟年表則列入附錄，我覺得這些表都是很有用的。有關項元汴之收藏，最重要的是現在傳世的一部份，我企圖盡可能標明它們的所在地和收藏者；但由於個人見聞不廣，仍有很多遺漏或錯誤之處，希望將來再補充。

第五章：結論。簡述項元汴收藏品轉移的情形，並述收藏家對藝術所產生刺激作用。

我要再次謝謝那師志良先生提供我有關項元汴的資料及諄諄之教誨；李師霖燦、姜師一涵、佘師城、翁師同文及林柏亭先生於百忙中或悉心指導或提供資料，均衷心感念；在美國方面，高居翰博士（Dr. James Cahill）、李鑄晉博士並以通信方式給予懇切詳細地指教，黃君實先生惠予指示資料來源，並此誌謝。本書付印之前，承王明湄學姐，連夜代爲逐字校正原稿，潤飾詞句，高情厚誼，更不敢忘。

四年來，承父母家人，給予經濟上的支持、精神上的鼓勵，如果這本書的出版還有些價值，我要把感激之情獻給所有曾協助我、關愛我的人士。

最後還要特別謝謝文史哲出版社主人彭正雄先生的幫助，才能使這本書順利出版。

七十二年十月十日　於華岡

項元汴之書畫收藏與藝術　目次

第一章 前言

第一節 書畫收藏在藝術史上的價值

中國書畫收藏有限悠久的歷史，根據歷史的記載，皇室收藏始於漢武帝（公元前一四〇—八七年）所創之秘閣。而後，漢明帝之立鴻都學，南朝諸帝搜羅奇珍名畫，隋文帝建妙楷、寶蹟二台，唐太宗（五九八—六四九）耽於藝事；至宋諸帝，愛之尤篤，如太宗（九三九—九九七）詔命天下，搜訪前哲名蹟，並設待詔、置秘閣；後又建淳化閣，刻歷代名蹟；又開天章、龍圖、寶文三閣，藝事之盛，達於空前。規模超越漢之天祿閣、石渠閣，及隋之妙楷、寶蹟二台，遂開宋代藝術鼎盛之局①。到了宋徽宗（一一〇一—一一二五在位），因爲他本人擅長書畫，其內府所收藏唐人臨王羲之父子眞蹟，就有三千八百餘帖，顏魯公墨跡亦有八百餘帖②，其他收藏可以想見。徽宋之後，金章宗（一一六八—一二〇八用）、元文宗都是書畫的愛好者；清乾隆將中國大批書畫保存到今天，對於中國藝術史貢獻很大。以上是中國歷史上官藏書畫的大致情形。至於私人收藏，始於何時？沒有詳細的記載，相信它和公藏也必有關係。也就是說，帝王收藏影響了公卿士大夫，逐漸影響到鄉紳鉅富，私人收藏遂形成風氣，如宋代的蘇易簡（九五七—八八五）、米芾（一〇五一—一一〇七）、韓侂胄（卒年五十二歲）、賈似道（一二一三—一二七五），元代的周密（一二三二—一二九八）、趙孟頫（一二五四—一三二二）、鮮于樞（一二五六—一三〇一）、柯九思（一二九〇—一三四三）、郭畀、喬簣成、李倜等，明代的袁忠徹（一三七六—一四五八）、都穆（一四五八—一五二五）、文徵明（一四七〇—一五五七）父子、嚴嵩、華夏（一五四四進士）、詹景鳳（一五二二—一五七二）、周于舜（一五二三—一五五五）、項元汴（一五二五—一五九〇）、王世貞（一五二六—一五九〇）、董其昌（一五五四—一六三六）、陳繼儒（一五五七—一六三九）、李日華（一五六五—一六三五）、張丑（一五七七—一六四三）、汪砢玉（一五八七—一六四五）、曹溶（一六一三—一六八五）、黃琳、何元朗、韓世能、沐璘、陳德相等。以上這些私人收藏家對於中國藝術史的意義和價值如何？對於中國文化貢獻如何？很值得詳細研究由這些公私收藏品不僅反映了當李帝王及士大夫對於書畫的愛好，其對於中國書畫風格也產生了某些影響。由他們的收藏品也可以追溯中國藝術史發展之過程，因爲藝術收藏者都是藝術家的支持人和藝術風氣的推動者③。

第二節　項元汴對中國藝術史的貢獻

項元汴也是酷愛書畫者，我之所以選他做爲一個研究的對象，是因爲經他收藏過的書畫流傳世間的還有很多，可是還沒有人做過詳細的調查統計。雖然巡視一個四百多年前的私人收藏家的倉庫是很不容易的一件工作，但是我在檢視的過程中，發現了一些足堪玩索的事實，知道他對當時的人與後代的人有很大的影響。董其昌（一五五八——一六三六）年輕時在項元汴家當過家庭教師，看過很多項元汴家藏書畫品，而且董其昌在他自己的傳記中常常提到項元汴對他在書畫上的成就有很大的關係。仇英（一四九四——一五五二）也是受項元汴之惠甚多的一個人。他在項家臨模過很多古代名蹟傑作④。項元汴也是當代書畫家的贊助者，例如他曾以兩百金的高價收購仇英的漢宮春曉卷（參見本書第四章第四節表Cb），從我的統計中知道這是項氏收藏畫品中，價值最高的一幅。我猜想這幅畫可能是經項氏之請求而畫的。由這件事實看來，當時的收藏家對仇英的評價是很高的，可是後來明四大家，只有仇英沒有被列入明史中，這其中有很複雜的原因，不是我這裏要深究的。現在我只能强調從研究項元汴的收藏，可以發現書畫史上一些重要問題；例如仇英在中國畫史上的地位在當時可能是最高的，後來則列到四家之末，甚至明史不給他列傳。

另一點要說明的，是中國文人對收藏家不太恭維，如王世貞、朱彝尊（一六二九——一七〇九）、詹景鳳（一一五六擧人）、馮夢禎（一五四六——一六〇五），對項元汴的吝嗇都有批評⑤。但是項元汴曾經收藏過的書畫品能流傳下來的大部份是中國藝術史上的名蹟，以個人能替中國保留下那麼多瓌寶，對國家、對文化也算有功勞了。似乎不應該過份壓抑他，所以董其昌一方面大力褒揚文人畫，可是他在項元汴死了四十五年後還說了幾句公道話，在他所撰項氏墓誌銘⑥中頌讚他的收藏可比宋代畫家米芾和李公麟。試看一看第四章第二節中所列項氏收藏目，可以證明董其昌在項氏墓誌銘中所說並不誇張，甚至他的收藏可能超過米芾和李公麟。

書畫收藏可提供藝術史直接的研究史料。項元汴的收藏除了有很多具有高度藝術價值外，也有一些雖然藝術價值不高，但從歷史文物的角度來看却十分珍貴。例如項元汴收藏過的司馬光通鑑稿（參見本書第四立第二節表Ca），使我們確認項元汴也是一個具備歷史觀念的鑒賞家。⑦

第三節　研究方法與範圍

收藏家雖然以賤入貴出來營利，可是鑑別藝術品加以整理珍存，對文物的流傳維護也有功績，所以它也是目前藝術史研究的重要的項目。過去研究項元汴的學者已很多，個人所看到的，有那師志良先生的「項子京及其印章」⑧。翁同文教授的「項元汴千文編號案畫目考」⑨。及「項元汴名下【蕉窗九錄】辯偽探源」⑩，黃君實先生的「項元汴與蘇州畫家」⑪；伯希和著「歷代名瓷圖譜眞偽考」⑫，明代名人傳中的「項元汴小傳⑬，Michel Beurdeley, The Tribulations o Hsiang Yuan pien's Album ⑭。以上所述的證明了項元汴早爲學術界所注目。

本書所研究的主要重點是項元汴的書畫收藏，同時爲了要知道項氏經濟的來源，也研究了項氏家世；爲了想了解項氏收藏的過程，又注意到與項氏收藏有關的一些朋友。有關項氏收藏，從來沒有人做過調查和統計，我花了一點功夫從石渠寶笈⑮等著錄查出所有項元汴收藏過的書畫，並按照時代排列出來。這種方法。讓我學習了一些中國藝術史上的許多問題。

在有關項氏家世的一章中，我曾盡量把項氏祖先子孫的生卒年查出來，這樣較容易掌握他一家人活動的特定時空。在傳統的研究方法中不太注意這一點，過去的學者們對項元汴的六個兒子的名字一直都沒弄清楚，現在已利用各種資料對項氏六個兒子大致了解一番。在這一章我也很注意項氏一家人在經濟上的關係，以及項氏經濟發展的因果關係。其兄項篤壽所收藏過的歷代名蹟，本人看到的著錄約有三四十件，因而推則項氏家人都對項元汴的收藏多少有些幫忙。

在有關項氏交遊的一章中，我比較注重項元汴個人在書畫上的題記，從他在收藏品上的記語來尋找與項元汴之交遊的畫家及當時的收藏家，是很直接的史料。

前面已說過，項氏收藏之研究是本書的重心工作。我調查項氏的收藏書畫是根據那老師所提供的資料再加上自己搜集到的，總共計八百十餘件。見於故宮書畫錄⑯者一百零四件，石渠寶笈著錄三三四件，式古堂書畫彙考⑰一四八件，墨緣彙觀⑱一二八件，其他著錄一百餘件，其中當然有些重複。根據以上著錄所作的統計，曾經項氏收藏過的書畫約共七百餘件其中許多作品早已不存世，或者雖存世而尚不爲人知。另外，由於研究時間有限，而且又偏處一隅，無法親自看到許多流散在世界各地的公私收藏。最多只能由影本上略窺一二，這些我都盡量注明它的出處，所以本人嘗試做的項元汴收藏目一定有許多錯誤與有許多遺漏，希望有幾會再作補充與修正。

【附註】

① 姜一涵，元內府之書畫收藏（故宮季刊，第十四卷第二期，頁二八：台北一九八〇年）

② 元內府之書畫收藏（同註(1)），頁二九。

③ 例如：唐太宗嗜右軍書，一時王書風靡天下；宋徽宗好鉤勒花鳥，院畫家則多尚工筆；乾隆特愛董其昌書，而清代幾爲董書天下

④ 參見本書第三章，第三節，(一)，二。

⑤ 參見本書第二章，註(66)

⑥ 董其昌撰項元汴墓誌銘。見書跡名品叢刊一，第三集，第七十八回配本一，（日本：東京二玄社，一九六四再版）據古原宏伸傳申編「董其昌的書畫」（日本：二玄社，一九八一）69，原跡現藏東京國立博物館。又見董其昌，容臺集，卷八頁三〇。（以下簡稱「墓誌銘」）

⑦ 參見張珩，怎樣鑒定書畫（南通圖書公司：香港，一九七四年），頁八二。張珩說，與書畫鑒定有關的學識是：一、歷史知識，二、文學知識，三、藝術欣賞和對操作方法的了解。在第一項目中他特別提到司馬光通鑑稿。

⑧ 大陸雜誌，第十三卷、第八期，頁二五八—二六二。

⑨ 東吳大學中國藝術史集刊，第九卷（台北：一九七九年），頁一五五。

⑩ 參見本書第二章。

⑪ Kwan S. Wong, Hsiang Yuan Pien and Suchou Artists, University of Kansas, 1981。

⑫ 此文原載通報，（T'oung Pao Revue Internationale de Sinolague），馮承鈞翻譯。中文本在中國學報第二卷第二期，頁三八—五四。

⑬ Dictionary of Ming Biography, Columbia University Press, 1976 PP. 539-544. (by Ch 'en, Chih-mai)。

⑭ Michel Beurdeley, The Chinese Collector Through The Centuries From The Han to The 20 th Century, PP. 129 -134 , 1966 。

⑮ 石渠寶笈初編（台北：故宮，一九七一影印一七四五清宮本），以下簡稱「石初」。石渠寶笈續編（台北：故宮，一九七一影印一七九三清宮本），以下簡稱「石續」。石渠寶笈三編（台北：故宮一九六九影印一八一六清宮本）。秘殿珠林初編（一七四四清宮本）、秘殿珠林續編（一七九三清宮本）、秘殿珠林三編（一八一六清宮本），以一九七一影本於台北故宮，以下簡稱「秘初」、「秘續」、「秘三」。

⑯ 故宮書畫錄（台北：故宮，一九五六），以下簡稱「故錄」。

⑰ 卞永譽（一六四五—一七一二），式古堂書畫彙考（一六八二），以下簡稱「式畫」或「式書」。

⑱ 安岐（約一六八三—一七四四以後），墨緣彙觀（一七四二），以下簡稱「墨緣」。

第二章　家世及生平

第一節　家　世

項元汴（一五二五—一五九〇）字子京，號墨林居士（圖版一），他的祖先是汴（今河南，開封）人，後來遷居到檇李（今浙江嘉興）①。生於明嘉靖四年乙酉（一五二五），卒於萬曆十八年庚寅（一五九〇），享壽六十六歲。

據董其昌撰項元汴墓誌銘②（圖版二）說，他的曾伯祖是項忠（一四二一—一五〇二）。忠子經、經子錫、錫子治元，三代皆成進士，成爲項氏家族很大的榮譽。

項忠有兩個弟弟：二弟項質、三弟項文。質子綱、綱子詮，詮生三子：長子元淇、次子篤壽、三子元汴，所以項忠是他的曾伯祖，而項元汴的曾祖父是項質，祖父是項綱，父親是項詮。項元汴的長兄元淇，二兄篤壽。大概由於項忠在項氏家族中官最高，贈爲太子太保，所以在項元汴的收藏印章裏有一方「公保世家」印，來誇耀並紀念他的家世。

項氏家族，自項忠以後，歷代都有功名，有的且做了高官。項元汴這一支從項質以後，雖然只有項篤壽中了進士，大概也沾了項忠一支的光，有很多人得了官職，並且成了鉅富，爲了要淸楚他們一家發跡的經過，還是讓我簡單的介紹他的幾位重要的祖先：

一、項元汴之先輩

㈠項忠（一四二一—一五〇二）

項忠字藎臣，正統七年壬戌（一四四二）進士，授刑部主事，累拜兵部尙書。生於永樂十九年辛丑（一四二一），死於弘治十五年壬戌（一五〇二），享年八十二歲。忠倜儻有大略，練戎務，彊直不阿，敏於政事，故所在著稱。贈太子太保，諡襄毅，有藏史居集。

項忠有三個兒子，王世貞說他們「奮科甲門冑，仕婁（屢）通顯，不可屈指數」③。可是他們不是項元汴的直系祖先，只有在談到與項子京一家的收藏有重要關係時，才討論他們，這裡不須詳細介紹④。

㈡項綱（一四七一年舉人）

項元汴的祖父項綱，字立之，成化辛卯（一四七一）舉人，曾先後做過昌邑（山東）、長葛（河南）二縣令⑤。項元汴的曾祖項質字素臣，從未做官。在「嘉興府志」項綱傳裡提到他⑥，但沒有什麼事蹟可記。綱之子詮就是項元汴的父親。

㈢項詮（？—約一五四四）

據董其昌撰項元汴墓誌銘說：「自襄毅公（項忠）以來，七葉貴盛，有以孝廉令長葛者，曰綱。綱生贈吏部郎詮。詮有丈夫子三人。長上林丞元淇，次東粵少參篤壽，公其季也。」

項詮的生卒年不清楚，但據項元汴「墓誌銘」只知道項元汴二十歲時（一五四四）項詮已不在世⑦。他的三個兒子，長子元淇爲陳氏所生，次子篤壽與三子元汴爲顏氏所生⑧。有關項詮的記載不多，但是據「嘉興府志」提到項元淇「讓財於季（元汴）」⑨可知項詮曾留下很多財產給他的三個兒子。而元淇性友愛，把自己的一份財產也讓給了異母弟元汴。這些財產可能就是項元汴收藏書畫的本錢。

二、項元汴之同輩

㈠項元淇（一五〇〇—一五七二）

項元汴之長兄元淇字子瞻，號少嶽，生於成化十三年庚申（一五〇〇），死於隆慶六年壬申（一五七二）。比項元汴大二十五歲。「嘉興府志」說他「性孝友，善視異母弟篤壽、元汴」。

項元淇的性格落拓，不事生產，工詩詞，草書。因爲家裏有錢，捐了一個小官—上林丞⑩。父親死了之後，就回到家鄉，常和騷人衲子往來唱和、談名理。著有「少岳山人集」由其弟元汴刋行⑪。馮夢禎在「少岳項長公墓誌銘」中云：「爲古文辭，時逼秦漢；詩更雋永，好臨摹法書；小楷嚴整，尤工草聖」⑫。「明詩綜」載有項元淇的「同陳白陽登閣」詩一首，「明詩紀事」也有二首⑬。知道他曾與大畫家陳白陽（淳）交往甚密，是一個風雅的人物。

王世貞（一五二六—一五九〇）曾替他的詩集作序說：「伯子（元淇）業素饒，有弟仲季。伯子篤好書籍，仲季亦好書籍。仲（篤壽）成進士，伯子獨不得進士。季善積者起家，伯子獨不善積者起家。」，王世貞小元淇二十六歲。他替元淇詩集作序是因元淇的兒子之請而勉強作的，所以他說「項氏之爲詩自伯子始」。這不是恭維的話。王世貞是當時詩壇的領袖，當然看不上元淇的詩，所以只說他的詩「去大曆長慶（七六六—八二四）之間不遠矣」⑭。

㈡項篤壽（一五二一—一五八六）

項元汴之次兄篤壽字子長，號少谿，生於正德十六年辛巳（一五二一），死於萬曆十四年丙戌（一五八六），比項元汴大四歲，項氏三兄弟都很友愛。朱彝尊說項元汴「顧嗇於財，交易既退，予價或浮，輒悔，至憂形于色，罷飯不啜」，其兄篤壽，倒是對他友愛彌篤，聽到弟弟有了這種事情，便替他解決或開導他⑮。

項篤壽娶史官鄭曉（一四九九—一五六六）之女爲妻⑯，嘉靖三十七年（一五五八）舉人嘉靖四十一年（一五六二）進士，曾任廣東參議，官至兵部郎中。名其藏書之所曰萬卷堂或萬卷樓。朱彝尊稱許他：「性好藏書，見秘册輒令小胥傳抄，儲之舍北萬卷樓」⑰。著有「小司馬秦草」、「今獻備遺」⑱等書。

三、項元汴之子孫

由於項家富收藏，且其兄弟子侄均甚風雅，其長兄元淇及二子，或擅詩書，或長於繪事；次兄篤壽及二子德禎、夢原皆成進士，這些給予元汴一家很大的刺激。他個人及六個兒子沒有一個得到功名，也沒有一人成爲餇學之士或登上仕途，便只有在經濟和收藏上表現他一家的才幹。在三兄弟中，元汴最長於理財。他的六個兒子大概也承襲了他父親的天賦和特長，繼續經營產業，並且不斷增加收藏；但他的六個兒子對於書畫收藏似乎遠沒有元汴那樣沉迷，以致元汴的收藏大部分落到孫子聖謨的手中，這中間有很多複雜微妙的關係。從某些史料中⑲也可發現中國大家族中鈎心鬥角，財產糾紛，名利的追逐等等前因後果；也就是說，項元汴一家努力掙置資產，擴充收藏，有其很複雜的心理因素。項元汴收藏的主要動機和目的，是爲了彌補他及兒子們在考場和仕途上的不利。然後轉而以財富和收藏誇耀於鄉里，並藉此與風雅的文人相交往。這是中國人致富之後表現風雅的重要途徑。

項元汴這種目的是很成功的，他和他的子孫能和董其昌、文徵明父子、陳繼儒、汪珂玉等世代交往，都是以書畫作媒介。否則他一家便不可能與這些大名士成爲朋友。這在心理上多多少少已補償了元汴一家在功名上的缺失。

項元汴和他的子孫怎樣經營產業；在項氏生平一節中再談，他的子孫在功名仕途上都不能算傑出，可是由於他們的家庭背景，使他們大都能鑑賞，而且能書擅畫，下邊將簡單地談談他們的生平及這方面的才能。

項元汴的六個兒子中長子德純，次子德成，三子德新，四子不明，五子德弘（元度），六子德明。潘光旦在「明代嘉興的世族」項氏家譜中提到德達，「藏書紀事詩」也述及德達與德棻，德棻藏書處叫宛委堂⑳，但是沒辦法確定他們是否爲元汴四子？⑪董其昌項氏「墓誌銘」裏只談到德純與德成，另三個兒子是據汪砢玉爲項氏跋文，及葉昌熾「藏書紀事詩」，項氏收藏著錄等史料加以補充的：

㈠項德純（約一五五〇稍後—約一六〇〇）

項德純，厚名德枝，後改枝爲純，又改爲穆，字德純，號貞玄（元）、蘭臺，亦號無稱子㉒，著有「書法雅言」㉓。

據項元汴「墓誌銘」：「憶予（董其昌）爲諸生時遊檇李，公之長君德純，寔爲夙學，以是日習於公。」

沈思孝（一五四二—一六一一）爲書法雅言序：「時長君德純，每從傍下隻語賞刺，居然能書家也。余笑謂子京曰，此郎異日，故當勝尊。及余竄走疆外，十餘年始歸，德純輒已自負能書，又未幾而人稱德純能書若一口也」㉔。

德純的書跡未曾見，根據式古堂著錄他於戊戌（一五九八年）元旦作「元旦詩帖」，又四十六歲時作「月下步虛辭行草書」等㉕。

㈡項德成（生卒年不詳）

據項元汴「墓誌銘」說：「次君德成，圖公不朽，屬余以金石之事。」僅知德成是項元汴的次子，並親自求董其昌替他父親作墓誌銘，但他的生平沒有資料可以參考。

㈢項德新（？—一六二三）

項德新字又新，號復初，有讀易堂，別號讀易居士。卒於天啟三年癸亥（一六二三）㉖，爲項元汴之第三子㉗，德新擅長書畫，其中畫一幅，現藏蘭千山館。余城先生說：「畫法則純是米芾父子面貌，筆墨簡略，不求工致，自有種意象簡逸的趣味，爲文人畫家遺興寫意的作品」㉘。故宮另藏一幅他的「秋江雲樹圖」軸（圖版三），學倪雲林，不署年。後有清人陳奕禧（一六四八—一七〇九）戊子閏月（一七〇八年）跋㉙，以德新是項元汴的從子，可能是錯的㉚。（理由見本章註㉗）

項德新的畫據著錄所記還有幾件，例如：①「倣大癡山水幷題」及「墨梅」、「墨竹」圖幷題等，(2)「竹菊」、「墨竹」等在明人便面畫及明人畫扇裏，(3)「墨竹小軸」㉚。各家著錄對他都有很好的批評。韓泰華題其仿王孟端（紱）「枯木竹石」，稱讚他「秀骨天成，足以想見其高致，洵由家藏之富，淘洗功深，不愧爲名筆」㉛。徐沁以其山水「酷類荆關」，寫生「奕奕有致」㉜。喜龍仁的「中國畫」中也有一幅一六〇一年項德新畫幷自題，現藏在法國Guimet博物館㉝。

㈣項德宏（約十六世紀後半—十七世紀前半）

項德宏字玄度是項元汴第五子㉞。見於著錄之項氏收藏物中有王羲之瞻近帖，上有張覲宸的收藏題識，張氏稱在萬曆四十七（一六一九）年中秋三日從項元汴之子德宏家用二千金買了此卷㉟。同年

多又以三百金從德宏家購得王羲之平安，何如，奉橘帖。（圖版二B）

萬曆二十三年（一五九五）八月二十五日，項元汴去世五年以後，陳繼儒（一五五八——一六三九）在項德宏家看到了懷素千字文册及蘇軾等宋名家書帖二十三件，與馬遠梅花册二十六幅㊱。大概德宏從他父親的遺產中得到了不少中國書畫名蹟。

㈤項德明（生卒不詳）

項德明字鑑臺，元汴之第六子。有族兄卒於旅，子幼，德明走數千里扶櫬歸，經紀其家。董其昌嘗稱元汴六子，或得書法，或得其繪事，或得其博物，而季獨得其惇行㊲；此季子就是德明。又嘉興府志卷五十三，德純傳說「季弟德明，諸生，族子私售襄毅（忠）墓田，獨捐貲贖之，從孫俊卿償其值，弗受。姊二，貧寡，推解不絕，能鑒別書畫」。

㈥六個侄子

前面曾談到項元汴的長兄元淇，次兄篤壽以及其六個侄子（元淇四子、篤壽二子），在功名或學藝上較元汴的六個兒子要出色，致使元汴一家只有在商業和收藏方面求發展，以便與當時文人雅士相交往；然而元淇和篤壽的兒子在書畫和收藏方面也很留意，尤其篤壽之次子希憲是由元汴扶養敎育大的。後來也成爲大收藏家。以下要簡述他的六個侄子：

元淇有四個兒子，卽德基、恒岳、德裕、道民（參見本章附項氏世系表），但德基、恒岳既不顯貴，也沒有收藏，只有德裕和道民尚有一些資料：

德裕，曾於一五九三年八月朔日題項元汴畫荆筠圖㊳，又於一五八四年夏天倣米芾山水，可知德裕長於書畫㊴。

道民字民逸，韶慧能詩，逃於禪，著有「春暉堂集」，但久已散佚㊵。

篤壽有兩個兒子，長子德楨萬曆十四年（一五八六）進士；次子夢原字希憲，萬曆四十年（一六一二）舉人，萬曆四十七年（一六一九）進士。

「猶子孝廉夢原，六齡失母，鞠備至。孝廉蔚爲名儒」（參見董其昌撰項元汴墓誌銘），陳繼儒著作中有許多項希憲曾經收藏過的著錄㊶，大概項元汴疼愛侄子希憲，而且希憲可能常常跟項元汴周圍的名儒文士書畫名家在一起。希憲官至刑部郎中，有「宋史偶識」三卷（參見四庫總目卷四十六頁三十六～三十九）㊷。

德楨長子鼎鉉，萬曆二十九年（一六〇一）進士；次子聲國，崇禎七年（一六三四）進士。從篤壽始三代皆成進士，鄉人以爲厚德之報也。聲國歿於北京，妻朱氏是朱彝尊之祖姑，一六四五年國變時，曾將一種很珍貴的萬歲通天帖救出㊸。

(七)孫　子

在元汴的孫輩中，最重要的一位是聖謨，見於史料中的另有徽謨、嘉謨和皐謨等。現在先談聖謨：

項聖謨（一五九七—一六五八），字孔彰，號易庵，又號子璋、子毗、胥山樵、胥樵、古胥山樵人、兎鳴叟、蓮塘居士、松濤散仙、大酉山人、存存居士、烟波釣徒、烟雨樓邊釣鼇客，兼擅山水花卉，且長於詩。生於萬曆二十五年丁酉（一五九七），卒於順治十五年戊戌（一六五八），年六十有二，德新之子㊹。聖謨是項氏數代中書畫成就最高的畫家。他畫「初學文衡山，後擴於宋而取韻㊺」，尤善畫松，故明時項松之名滿東南㊻。一六二五年（乙丑）秋董其昌題識項聖謨畫册，說項聖謨的畫：

> 衆美畢臻，樹石屋宇，花卉人物，皆與宋人血戰，就中山水又兼元人氣韻，雖其天骨自合，要亦功力深至，所謂士氣作家俱備。項子京有此文孫，不負好古鑒賞、百年食報之勝事矣㊼。

秦祖永（一八二五—一八八四）在「桐陰論畫」卷上頁。中又說：

> 筆意雅秀，近師文氏，遠法宋人，尤能領取元人氣韻，頗有思致，閒寫花草、松竹、木石，簡當不支，大幅邱壑散漫，未能精神團結，蓋以駕馭馳騁之未臻其極也。

項聖謨自少生長於書香世家，故得飽讀羣書，自少習詩書畫。其畫以明末盛行之文派爲主流，而以其家庭之收藏名畫以成其個人風格。「故文人畫之淸高、懷古、深思，皆可表現無遺」（見李鑄晉著「項聖謨之招隱詩畫」）。甚至於項聖謨早年，藉其家庭餘蔭，生活優裕，因而有遠塵世，一心歸隱之意。所以項聖謨早年作品，其畫之詭奇莫測。高居翰（James Cahill）說他取法於董其昌歸納於吳彬（一五九一—一六二六）之奇形山水（bizarre landscape）作風㊽。他的花卉與山水都有相當程度的夢幻超現實的感覺（圖四）。可是傳統的中國藝評家，對於項聖謨、吳彬等奇異與怪癖的畫，直到現在仍不能完全接受或欣賞。而事實上，項聖謨的畫是應該有他相當地位的，希望有機會能作一專題研究。

他的畫蹟流傳尚多，福開森在歷代著錄書目中有一〇七件，嘉龍仁的「中國畫」中有六十件。其中最早的是一六二二年所作蘭譜卷，現藏憶琴樓（見王季遷、孔達合編，「明清畫家印鑑」，頁三九〇～三九二）。最晚的是一六五七年（順治十年丁酉）作寒林雪色圖（見喜龍仁，「中國畫」，第七冊頁一八八）㊾。「石渠寶笈」載三十八幅。其中十六件現藏故宮博物院㊿。

項聖謨共畫了三幅招隱圖，其中一幅招隱圖詠卷是一六二六完成的，現藏美國洛杉磯美術博物館。綜觀全畫，蒼秀雄麗，實爲少有之佳作，尤以項當時年只三十，確係難得。此畫裏有董其昌、陳繼儒、李日華三人的題跋，董、陳、李三大名家的題跋同時出現在一幅上，尤其不易。聖謨出生時項元汴已死七年，但是由於項元汴收藏之富，故項氏子孫亦多風雅。到了聖謨之晚年目睹家國淪亡，由於他個性好隱且愛古隱逸之士，明末文人對當時政治失望，轉而效慕陶潛田園隱居，或更嚮其世外桃源仙境，而夢想蓬萊瀛島仙居。且因晚年家漸貧，靠賣畫來過生活。一六四五年國變以後，隱於胥山，詠歌以終㉛。

項徽謨㊷子項奎友從子項玉筍㊸，皆以畫名。在「藏書紀事」與潘光旦項氏家譜中列項元汴另外有孫皐謨、嘉謨（皆德純之子）㊹，徽謨（德新長子，次子聖謨），廟謨（德明子）。爲了清楚起見，特根據潘光旦「嘉興的望族」中的「項氏家譜」加以修訂補充，重新繪成「項氏世系表」如下：

（附表G）項氏世系表

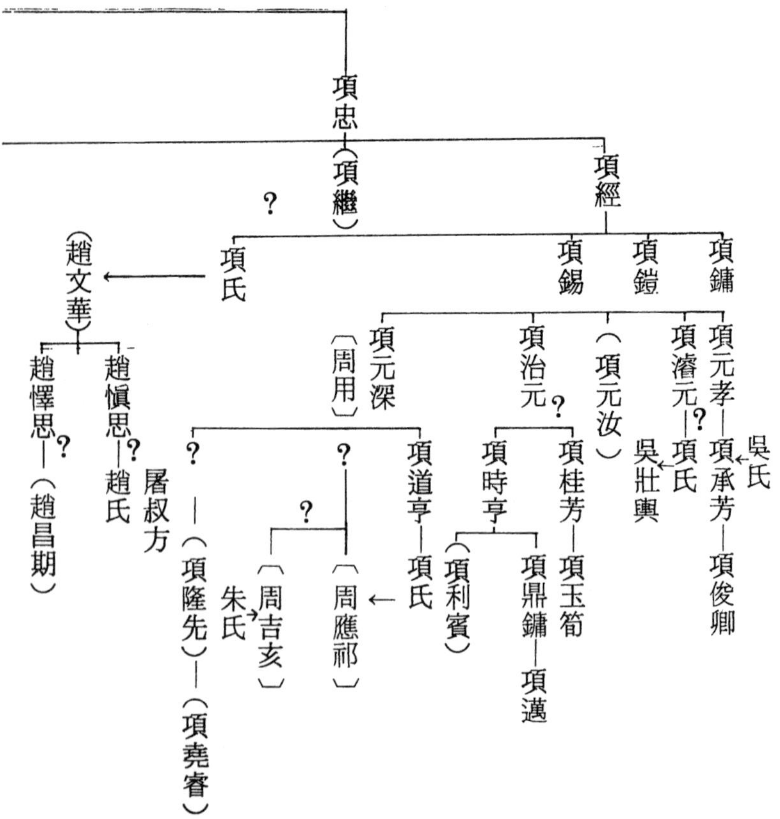
項忠
（項繼）
項經
?
項鏞
項鎧
項錫
項氏
（趙文華）
項元孝
項濬元
（項元汝）
項治元
項元深
（周用）
吳氏
項承芳
項俊卿
?
項氏
吳壯輿
?
項桂芳
項玉筍
項時亨
項鼎鏞
項邁
（項利賓）
項道亨
項氏
?
（周應祁）
?
（周吉亥）
朱氏
?
（項隆先）
（項堯睿）
趙愼思
?
趙氏
屠叔方
趙懌思
?
（趙昌期）

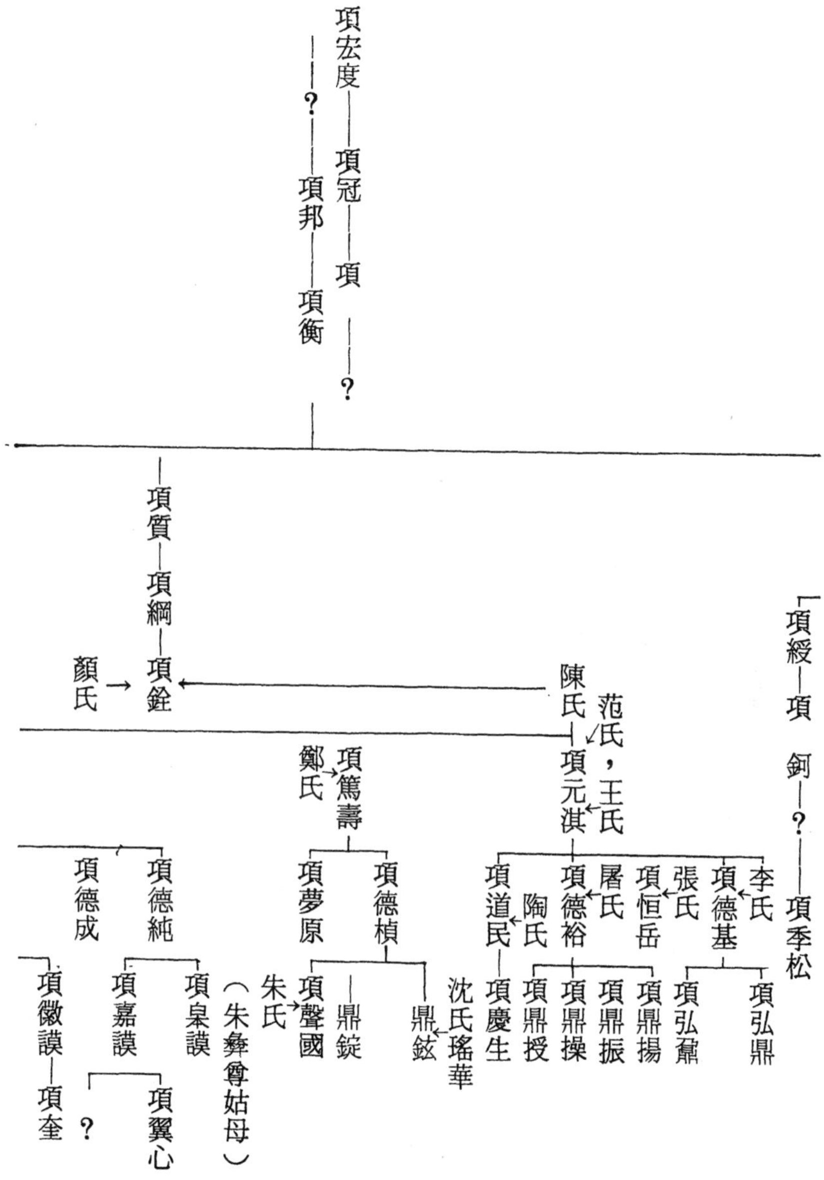
項宏度
項冠
項
？
項邦
項衡
？
項綬
項
釗
？
項季松
陳氏
范氏，王氏
項元淇
李氏
項德基
張氏
項恒岳
屠氏
項德裕
陶氏
項道民
項弘鼎
項弘鼐
項鼎揚
項鼎振
項鼎操
項鼎授
項慶生
項質
項綱
顏氏
項銓
鄭氏
項篤壽
項德楨
項夢原
沈氏瑤華
鼎鉉
鼎錠
朱氏
項聲國
（朱彝尊姑母）
項德純
項德成
項皋謨
項嘉謨
項翼心
？
項徽謨
項奎

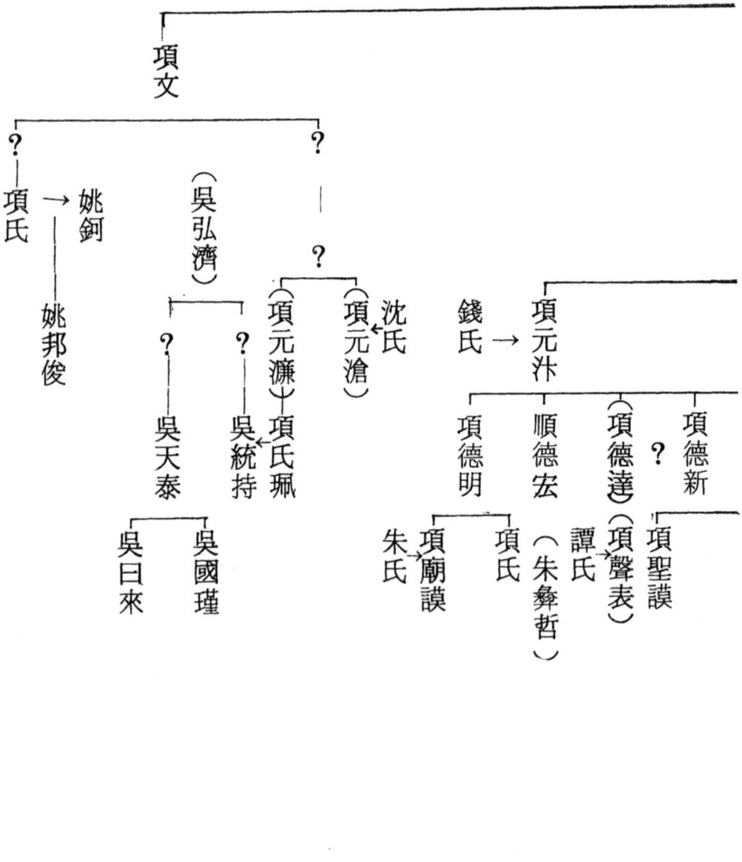
項文
?
?
項氏
姚鈳
姚邦俊
?
（吳弘濟）
?
?
吳天泰
吳統持
吳曰來
吳國瑾
（項元濂）
（項元滄）
沈氏
項氏珮
錢氏
項元汴
項德明
順德宏
（項德達）
?
項德新
朱氏
項廟謨
項氏
（朱彝哲）
譚氏
（項聲表）
項聖謨

第二節　生　平

一、經歷及人格

項元汴（一五二五—一五九〇），字子京，號墨林居士，又號墨林子、墨林嬾叟、墨林外史、香巖居士、惠泉山樵、鴛鴦湖長、古檇李狂儒、墨林硯癖、五云、堯封、逸民、嵩生、淨因菴主、蕘茶亭長、維心淨士、癖茶居士、長病仙，赤松外史、南華仙史、惠泉山樵、西楚王孫，他的居室齋閣名很多，如：蘧廬天籟閣、幻浮、若水軒、虛朗齋、誠思齋、博雅堂、淨因菴、華雪齋、棱嚴精舍。另外還有很多收藏章（九十三餘方：參見第四章第一節）如桃花源裏人家、西疇耕耦，田疇耕耨、六藝之圃，沮溺之儔、宮保世家等……。這些字號、居室齋名及閑章相當複雜，它們代表什麼意義？什麼時候使用？都多多少少代表了他的學養和人生態度。

項元汴是項詮與顏氏所生之第三子。他的童年，據董其昌撰項元汴墓誌銘說他「少而穎敏，十歲屬文」。二十歲時喪父。因爲當時他的大哥元淇正在外做官，二哥篤壽也考中了進士，所以他便「絕意帖括」㊺，於是爲了幫助家務就放棄了考試。專門在家侍奉母親，所以董氏稱讚他「忠孝大節」。元汴大概在二十歲以前，便娶了錢姓女子。（參見「墓誌銘」）。他不但長於理財㊻，而且對藝術活動興趣也很大。「子京夷然大雅，自遠權勢，所與遊皆風韻名流，翰墨時望。」（見項氏「墓誌銘」），項元汴十六歲時已收藏過，唐寅之秋風紈扇圖，現藏於上海博物館，而且二度題識（一五四〇年及一五四二年）⑰。當時比元汴大二十五歲的大哥元淇對元汴的收藏書畫有很多幫忙鼓勵，二兄篤壽後來中了進士。元汴「絕意帖括」一方面是由於志趣，另一方面因爲他的家產也需要有人照顧，經濟富裕了遂浸淫於鑒賞與收藏。

有一次項元汴獲得一支鐵琴，上面有「天籟」二字，以後他儲藏書畫之樓便叫「天籟閣」，嘉興府志卷十五頁二十二有一段說：「天籟閣：項元汴藏圖書之所在成內靈光坊，元汴號墨林山人，嘗得鐵琴一，上有『天籟』二字，下有孫登姓氏，因以名其閣。」

文嘉在一五七七年曾經項元汴收藏過的唐、馮承素摹蘭亭帖（卷）跋文中說：

子京好古博雅，精於鑑賞，嗜古人法書，如嗜飲食，每得奇書，不復論價，故東南名蹟多歸之⑱。

王穉登（一五三五—一六一二）在項德純傳中說項元汴：

性乃喜博古，所藏古器物圖書。甲於江南，客至相與品隲鑒足，窮日忘倦⑲。

姜紹書（十七世紀）說項元汴「資力雄贍，享素封之樂，出其緒餘」所以「購求法書名書，及鼎彝奇器，三吳珍秘，歸之如流」⑳，姜氏形容項元汴收藏古物的情況曰「歸之如流」，徐沁則把他和倪雲林相比，而以爲「埒於清閟」㉑。朱彝尊的祖姑，嫁給項元汴的從孫項聲國，有姻親關係。有的學者認爲項家曾以經營當鋪致富⑫，可能是根據朱彝尊的曝書亭書畫跋中的「坐質庫估價」一句話而來。但「坐質庫」可能是說項元汴有了很多收藏之後，坐在天籟閣，便有人跑去買賣書畫古玩，坐收高利。又據中國學者們說，在明清時代，段商富豪家裡常常兼營錢莊，這風氣一直延續到民初，朱彝尊以項氏「坐質庫」也或許是指經營錢莊之意，不過項元汴確實因買賣書畫而致富，成了大收藏家，所接觸多，自己也成了藝術家。董其昌說他：

凡斷幀隻行，悉輸公門，雖米芾之書畫船，李公麟之洗玉池不啻也，而世遂以元章、伯時，目公之爲人（見於項氏「墓誌銘」）。

到了一六四五年（明弘光二年乙酉），清兵至嘉禾，「項氏累世之藏，盡爲千夫長汪六水所掠，蕩然無遺」⑬。朱彝尊作了一首懷鄉口號詩諷刺他：

墨林遺宅道南存，詞客留題尚在門，天籟圖書今已盡，紫茄白莧種諸孫⑭。

到了十七世紀中葉以後，天籟閣已荒廢，項氏子孫只得在院子裡種紫茄白莧了。

據項元汴「墓誌銘」：以項元汴之爲人「富貴利達，非其好也」，「郡守某，以年舊請見，雖復倒屣殊乘鑿坯。爲數日不怡，其介特如此。」他很儉素而且穿衣服像一個鄉下農夫一樣。董氏說：

公居恒以儉爲訓，被服如寒畯如野老，婚嫁讌會，諸所經費，皆有常度，至於贍族賑窮，緩急非罪，咸出人望外，曰吾自爲節縮，正有所用之也。

萬曆十六年戊子（一五八八）大祲時「饑民自分溝壑，不恤扞網，公爲損稟作糜，所全活以巨萬」，「郡縣議且上聞，牢讓不應，終不以為德，市閭巷聲，有司益重之。」（見於「墓誌銘」）。

董其昌又說項元汴雖然不願意再求仕進，但是「謂祖父遺經，堂構斯在，不欲令子弟，亦知達生之趣。有六子，各受一經，嚴為程課。」，所以他的子孫「諸子彬彬，皆不愧王謝家風云。」可是王世貞、朱彝尊、詹景鳳等對項元汴的為人却有些壞的批評[65]，馮夢禎（一五四六—一六〇五）也在所撰「項元淇墓誌銘」中提及項元汴不名譽的事情[66]。

項元汴到了晚年，自稱「大乘弟子墨林」；自跋其收藏趙孟頫書心經曰：「萬曆元年（一五七三）仲秋望前九日，大乘弟子墨林項元汴熏沐奉持」，跋後有「淨因庵主」，「退密」等印。可知項元汴是信佛教的人。據說他在晚年做了一個夢，便開始篤信佛，並給他的書房起了一個名字叫「幻浮齋」，並在生前自營墓壙[67]。在項元汴兩幅畫的款識中提到「幻浮齋」[68]。嘉興府志卷十七頁十七云：「項元汴之墓在陡門橋南、寒字圩，有黃承元墓表，董其昌神道碑。」

但黃承元的墓表未曾見，董其昌的神道碑可能就是上文引用的墓誌銘。

二、家產資源

項氏家族原來就「資力雄贍」[69]，「所貴貲頗厚」（參見少岳項長公墓誌銘）而且項元汴二十歲喪父之後，並掌管全家的財產，後來大哥元淇一氣之下，把自己的財產統統給了他。

諸書記戴中說項氏家是嘉興的望族，但是項元汴如何積聚那麼多的財產？沒有詳細裁戴。因為項忠與項元汴之距離比較遠，而且據項詮之妻陳氏墓誌銘說當初項詮並不那麼富有⑰。項元汴之祖父項綱中擧以後，先後做了昌邑和長葛的知縣，但是好像不太有很多財產，那麼可能從元汴之父親開始，家道逐漸富裕起來。後來項元汴經管項家財產，大哥元淇又把自己的一份讓給他，遂有了相當產業。開始收藏以後，又藉著收藏買賣書畫古玩賺了很多。至於因「坐質庫估價」一句，而以項家爲經營當鋪還要其他的證據。總之，我認爲項元汴收藏的經濟來源一方面靠他歷代長輩留下來的財產，另有大部份是靠買賣書畫及古董賺進了許多，然而這已足使朱彝尊、王世貞卑視他了。

到了項元汴這一輩，元淇入南太學，後謁選爲上林錄事，是很低的官，可是當時他家已很富有。在一五四五年前後，項詮卒時，項元淇正在京中，而篤壽却很熱中功名，所以項家財產大部由項元汴經理，後來項家的財產大部份落到元汴一房手裏，而項氏三兄弟可能因爲家產發生過糾紛，引起訴訟㉑。

總之，項氏家族自項元汴的祖父項綱起，慢慢富有，他的父親項詮沒有功名，也沒有著述，可能擅長理財，元汴繼承了他父親的志事。可能仍繼續擴展，並藉收藏買賣古玩書畫，賺進了更多的財富。因爲晚明書畫收藏，是一種很興盛的行業，而項元汴則是這一行業中最成功的一位。

三、假託其名的著作

項元汴曾被誤認爲是「宣鑪博論」和「蕉窗九錄」兩本書的作者，「宣鑪博論」的內容是有關銅器鑄造的⑫。成書年代却是一六二六年⑬，此時在項元汴已去世後三十六年，其眞實性顯然有問題。

另外一種版本是一九〇八年在Oxford首次出版，布瑟翻譯名爲「中國瓷器，十六世紀着色圖畫與項元汴漢文稿本」[74]。一九三一年郭保昌和福開森以爲有將布瑟的研究發揮之必要，遂將原圖着色，增訂並加註解，以豪華版本刋行[75]。一九三六年伯希和（paul pelliot）在「通報」刋物中評論這本書非項元汴之眞跡，福開森在同年的 "The Journal of The North China Branch of The Royal Asiatic Society" 中予以答辯，伯希和很快又在一九三七年的「通報」上加以反駁。

四庫總目提要中斷定「蕉窗九錄」是出自僞託[77]。翁師同文先生在尚未發表的文章「項元汴名下『蕉窗九錄』辯僞探源」中有以下幾點重要結論：1.項氏名下該書確亦出自後人僞託；2.該書文彭序與正文皆與項氏相駁，a文氏稱項氏爲世丈與二人年齒不合，b該書如成於萬曆（一五七三－一六一五）以前不應擧及書家邢侗（一五五一－一六一二），c書錄一條絕非項氏大收藏家口氣，d書錄之文多錄自晚於項氏之胡應麟所著書，e該書僞託年代晚到康熙年間；3.該書實以屠隆「考槃餘事」作藍本改編而成，a「考槃餘事」出於屠隆有項氏鄉人爲證，b該書與「考槃餘事」相襲之跡，c該書與「考槃餘事」微異之處；4.屠隆「考槃餘事」亦依類彙錄他書之文刪潤而成，a「考槃餘事」各箋之成分各有不同來源，b主要乃從高濂「燕閒清賞箋」刪潤成文，c此種情形乃當時出版業發達下流行風氣。[78]

【附　註】

① 李鑄晉，「項聖謀之招隱詩畫」中說，項氏之之祖先「其先人可能原居洛陽一帶，隨宋室南渡，而定居於嘉興者。其可考者，最先爲元初之項冠，初以商致富，後散其家財以濟貧，再後隱於胥山（指項元汴之孫項聖謀，參見本章㈢項元汴子孫），詠歌以終」。

據潘光旦，「明清兩代嘉興的望族」㉜項氏家譜，項冠是項元汴的第十代祖先。參見 Hsiang Sheng-mo's Poetry and Painting on Eremetism, by Chu-tsing Li; Proceedings of The Symposium on Paintings Calligraphy by Ming I-min : The Journal of The Institute of Chinese Studies , The Chinese University of Hong Kong, Vol;VIII No. 2, 1976 。

② 參見第一章註⑥。

③ 王世貞（一五二六—一五九〇），「弇州山人續稿」卷三八。

④ 此項忠小傳，根據以下史料寫成：⑴「中國人名大辭典（台北：一九七七，商務），頁一二一四。⑵「明人傳記資料索引」（台北：一九七八，國立中央圖書館編文史哲出版社重印），頁六三八。⑶「中文大辭典」（台北：一九七三年，高明主編中華學術院印本），第九册頁一七五〇。⑷「明史」（清，張廷玉撰：台北藝文印書館影印），卷一七八，列傳第六六。⑸「本(明)朝分省人物考」(明，過庭訓纂集：台北，成文出版社影印。）卷四四頁十四—十七。⑹許瑤光（一八一七—一八八二）重輯，「嘉興府志」（台北：成文出版社，一九七〇年排印本），卷五二頁二—四。⑺王世貞，「名卿續紀」（嚴一萍選輯，百部叢書集成：台北，藝文印書館印本）卷九八。⑻袁表（一五〇二—一五四七），「皇明獻實」（台北：文海出版社，一九七〇年排印本），卷三二。⑼唐樞（一四九七—一五七四），「國琛集「（台北：藝文印書館印行，嚴一萍選輯，百部叢書集成），卷一〇三頁十三。⑽項公墓誌銘（「懷麓堂文後稿」，卷十九頁五）；皇明名臣莫銘震集，卷二〇。

⑤ 董其昌說：「孝廉令長葛者，曰綱；綱生贈吏部郎，詮」（見項氏「墓誌銘」。）

⑥ 「嘉興府志」卷五三項綱傳：「項綱，尚書忠弟質之子也，忠昆弟三：仲曰質，季曰文，質字素臣，不仕」。

⑦ 「墓誌銘」：項元汴「已念（二十歲），贈公（指項詮）。既背養，而太宜人苦節。」

⑧ 見馮夢禎（一五四六—一六〇五，字開元，秀水人）撰「少岳項長公墓誌銘」。此文在「快雪堂集」，卷一三（此資料是東吳大學翁同文教授提供的，在這裏謹表示謝意）。又見 Dictionary of Ming Biography P. 540。

⑨ 見「嘉興府志」卷五三頁三。

⑩ 「嘉興府志」卷五三頁四：項元淇「以貲拜上林丞」。

⑪ 見四庫總目卷一七八頁三九～四〇。

㉑ 參見本節註⑧。又見「佩文齋書畫譜」（一七〇八：台北影本一九六九），卷四三，畫家傳頁二二。

⑬ 朱彝尊，「明詩綜」卷四八。「明詩紀事」（陳田輯，台北：一九七一，中華書局），卷一九。項元淇行草書「與三弟六札」、「少岳南園雜詠詩帖」等，著錄於「式書」卷二七，(二)頁四八二—四八四。

⑭ 以上所引均見「王世貞弇州山人續稿」卷三八，「項伯子詩集序」。此項元淇小傳，曾參考以下史料：「中國人名大辭典」頁一二一四；「明人傳記資料索引」，頁六三八；葉昌熾，「藏書紀事詩」（上海：一九五八，古典文學出版社），卷三頁一四八。

⑮ 見朱彝尊，「曝書亭書畫跋」，「書萬歲通天帖一卷」（項篤壽曾經收藏過此卷）；收錄在虞君質選「美術叢刊」（台北：一九四二，中華叢書編審委員會），第二輯頁四二五。

⑯ 「嘉興府志」卷五二頁二〇：「幼警敏，鄭曉見而奇之，妻以女。嘉靖壬戌進士授主事」。又見於 Dictionary of Ming Biography P. 240。

⑰ 參見本節註⑮。著錄中項篤壽放藏過的書畫不少，現存故宮博物院者有：元趙孟頫行書赤壁二賦冊與文徵明楷書孝經、

仇英畫卷（見於「故錄」卷二頁三十三、卷四頁二九七）；見於石渠寶笈及其他著錄中經項篤壽收藏之書畫約三四十件。

⑱「今獻備遺」收在「四庫全書珍本」三集（台北：商務影本）一四一、一四二，共四十二卷。此項篤壽小傳曾參考以下史料：(1)「中國人名大辭典」，頁一二一六。(2)「本朝分省人物考」，卷四五頁五〇。(3)「弇州山人續稿」卷三八。(4)「明人傳記資料索引」，頁六三九(5)「中文大辭典」，第九册頁一七五二。

⑲ 見本節註65。

⑳ 葉昌熾舊藏，陳繼儒手抄本「避暑錄話」裏云，德芬的藏書處叫宛委堂（見「藏書紀事詩」，頁一四八）。我所見資料中有一幅文徵明眞賞齋圖卷上有項德芬印五方、宛委堂印（見「石初」上，頁六〇二—六一四）。或許項德芬是項篤壽的兒子，因爲石渠寶笈中有：(1)李公麟、華嚴變相圖卷（「秘續」頁七〇）；(2)宋徽宗，書七言律詩卷（「石初」(下)頁八八一；(3)趙孟頫，書絕交書卷（一三一九年九月望日書「石初」(下)頁一一八七）三幅書畫上同時有項篤壽、項德芬印，我猜測項篤壽的收藏傳給了自己的兒子。

㉒ 王穉登（一五三五—一六一二）所作項穆小傳：「無稱子姓項名穆、字德純，號貞玄，檇李世家也。始名德枝，郡大夫徐公奇其才，易爲純」。並沒有提到他的號叫蘭臺，此蘭臺見於「無聲詩史」卷三頁五一。

㉓ 此書載楊家駱主編，藝術叢編（台北：一九七五，世界書局）第一集第三册之十八。

㉔ 同註㉓。

㉕ 項氏自書「元旦詩帖」及「月下步虛辭」均見「式書」，卷二七(二)頁四八四。以上此項德純傳曾參考(1)「中國人名大辭典」頁一二一六(2)「佩文齋書畫譜」卷七、十、四三、五七….

㉖ (1)翁方綱（一七三三—一八〇一），「天際烏雲帖考一」頁三一汪砢玉記戴：「……又新之歿二十年矣。（汪砢玉跋年月是一六四三年春）」。(2)「式畫」，卷二九（四册）頁五二三，汪砢玉記項又新墨荷圖幷題：「項君復初……不意癸亥多日（一六二三年）余自北還，項君已謝人間世矣……」（又見珊瑚網卷十八）。但姜亮夫「歷代人物年里碑傳綜表」

（姜亮夫編，台北：一九七六，華世出版社）誤以德新之卒年（一六二三）爲生年。若德新確爲元汴三子，則一六二三項元汴（一五二五－一五九〇）已卒三十年，就更荒謬了。

㉗ 汪砢玉跋、李日華跋（「式畫」卷五㈢頁二七四）；韓泰華「玉雨堂書畫記」：一八五一，卷四頁一〇三；余城「中國書畫」，第二冊頁五六（台北：一九八一年，光復書局初版）等均載項德新爲項元汴第三子。所以德新爲元汴第三子應是沒有問題的。可是董其昌在「墓誌銘」只載項元汴長次子。清宮收藏項元汴舊收藏品「明人畫扇」（「石三」㈡頁六一〇），上有項元汴祖孫三代（元汴、德新、聖謨之印記，也可以做爲德新是項元汴之子的另一證據。

㉘ 見余城編著，「中國書畫」，第二冊頁五六、第三冊頁四五。

㉙ 見「故錄」，卷五頁四二七；「石初」，頁六五七。

㉚ 以上項德新的六幅畫：(1)倣大癡山水、墨梅、墨竹，均載「式畫」卷二十九㈣頁五二二；(2)竹菊、墨竹，載「石初」(上)頁四九九及(下)頁七三一；(3)墨竹小軸，載「好古堂家藏書畫記」卷下頁三四。

㉛ 「玉雨堂書畫記」，卷四頁一〇三。

㉜ 徐沁，「明畫錄」（台北，文史哲出版社影本第二冊），卷四頁五一。

㉝ Osvald Siren, Chinese Painting : Leading Masters and Principles, Vol, Vll, P. 189, New York Ronald Press, (1956 - 58.)：「Locks and Leafless Trees by a River」, Musee Guimet．以上項德新小傳曾參考(1)「中國人名大辭典」，頁一二一六：②俞劍華，「中國繪畫史」下，頁一四七。

㉞ 伯希和以爲：「項元汴有子六人，長名穆，次名德成，次名德新，次佚名，次德弘，次德明。」，「元汴第五子或如葉昌熾說（「藏書紀事詩」卷三）；當卽德弘；且爲字玄度者，可無疑也。陳繼儒在「妮古錄」（卷一頁三至四）及「太平清話」（卷一頁六）中，並言及此項玄度。他在一五九五年見過玄度所藏瓷玉漆器等物；玄度藏物必定甚富。陶說因避諱改玄度爲元度，因此自布瑟（Dr. Bushell）以來，有時誤以其人爲元汴之弟。」（見「歷代名瓷圖譜眞僞考」，

頁四四）經筆者分析認爲玄度爲德弘之字，似無可疑。

㉟ 石續（一）頁二八〇：「萬曆四十七年（一六一九），中秋三日，以二千金購於墨林之子元度者，張覲宸識。」

㊱ 陳繼儒，「妮古錄」（藝術叢編，第二九册）卷一。

㊲ 見「中國人名大辭典」，頁一二一六，「中文大辭典」，第九册頁一七五一。

㊳ (1)「快雪堂」，「少岳項長公墓誌銘」云：「元淇）子男四、長德基……，次恒岳……，次德裕……，次道民……」。(2)德裕題識項元汴畫荊筠圖云：「…余（德裕）家季父（元汴）…」（見「式畫」，卷二九㈣頁五二一」；「佩文齋書畫譜」，卷八七頁四六）。(3)「藏書紀事詩」云：「（德裕）疑亦元淇子」。(4)「歷代名瓷圖譜眞僞考」以爲：「或許有一篤壽之第三子是德裕。」實誤。根據「少岳項長公墓誌銘」與德裕之題記確定德裕是元淇之三子。

㊴「石初」（上）頁四九九：「明人便面畫」第二册第十五幅。

㊵ 見「嘉興府志」卷五三頁三六，又見「歷代名瓷圖譜眞僞考」頁四〇。

㊶ 見「妮古錄」，卷一、卷二；「眉公書畫史」（藝術叢編，第二九册」。

㊷ 項夢原小傳曾參考「中國人名大辭典」，頁一二一六。又見「嘉興府志」卷五二頁三八。

㊸「曝書亭書畫跋」，書萬歲通天帖舊事：「聲國字仲展，除知雅川事，卒於京師，予（朱彝尊）祖姑歸焉」。聲國小傳參考「嘉興府志」，卷五二頁三〇，頁四二。

㊹ 見俞劍華，「中國繪畫史」（下），頁七一；李鑄晉，「項聖謨之招隱詩畫」，頁五三二；Liu Wei - P'ing (Dictionay of Ming Biography P. 538)。

㊺ 張庚（一六八五—一七六〇），「國朝畫徵錄」，卷四二三頁四八。「清朝書畫家筆錄」，卷一頁四。

㊻ 參見「明詩紀事」（辛籤，卷二七上頁三二四四），引陸時化「吳越所見書畫錄」中王鴻緒文。

㊼ 見「嘉興府志」，卷五三頁三六；「佩文齋書畫譜」，卷八七頁五九；「明詩紀事」，卷二七（上）頁三二四四；「明畫錄」

，卷四頁五五；李玉芬，「甌鉢羅室書畫過目考」（一八九四），卷一頁九；姚際恆（一六四七－一七〇七），「好古堂家藏書畫記」（一六九九），卷下頁三五。

(48) James Cahill , Fantastics and Eccentrics in Chinese Painting , P ·20 , 1967 。

(49) Osvald Siren Chinese Painting, Vol, VII , PP· 188 - 189 。又見「宋元明清書畫家年表」頁二五四。

(50) 項聖謨畫蹟見於「故錄」，卷四頁二三五；卷四頁二四〇；卷五頁四六五－四六七；卷六頁七八－八一；卷八頁九五。一九二九年二月畫竹林書屋見於吳榮光（一七七三－一八四三），「辛丑銷夏記」（一八四一），卷五頁五八。又見「墨緣」，卷四頁二〇；「容臺別集」，卷八頁五〇； E · J · Laing , Chinese Paintings in Chinese Pub - lications , 1956 - 1958 (An Arbor , 1969) ,P · 167 , 載十六件。

(51) 有關項聖謨史料又見於以下(1)陸時化，「吳越所見書畫錄」卷二，頁一〇一；(2)梁章鉅（一七七五－一八四九），「退菴金石書畫跋」卷十九頁六；(3)龐元濟，「虛齋名畫錄」（一九〇九）卷四頁五八；(4)阮元（一七六四－一八四九），「石渠隨筆」，卷六頁一四－一五；(5)「明畫錄」卷四頁一二；(6)「清史」，卷五〇三，列傳二八九，藝術傳三；(7)「中國人名大辭典」頁一二一六；(8)「支那書畫人名辭典」頁四〇三；(9)姜亮夫，「歷代人物年里碑傳綜表」，頁四八九；(10)莊申，「中國畫史研究」（台北：一九五九，正中書局）；(11)「清代學者像傳」（編印者番禺葉氏，一九六九，文海出版社）；(12) Osvald Siren , Chinese Painting , Vol , V, PP· 38 - 40 (13) James Cahill , The Res- tless Landscape ; Chinese Paintings of The Late Ming Period , PP· 45 - 46。

(52) 「中國人名大辭典」，頁一二一六；「明詩綜」卷七三。

(53) (1)秦祖永，「桐陰論畫」，頁三八；(2)張庚（一六八五－一七六〇），「清朝畫徵錄」，卷上頁三，(3)「中國人名大辭典」，頁一二一五；(4)「中國大辭典」，第九冊頁一七四九；(5)「嘉興府志」，卷五三頁三六。

(54) 「嘉興府志」，卷五二頁四七：「項嘉謨字君禹初名定謨，高祖元汴……妾張氏投天星湖死者」。

㊺ 據「墓誌銘」:「元汴已念，贈公既背養，而太宜人苦節……於是絕意帖括」。

㊻ 王世貞（一五二六—一五九〇），「弇州山人續稿」，卷四三頁一八，說:「季（指元汴）善積著起家，伯子（指元淇）獨不善積著起家。」

㊼ 龐元濟（一八六五—一九四九），「虛齋名畫錄」（一九〇九），卷八頁三—四，有項元汴「嘉靖庚子九月望日（一五四〇）」、「壬寅春仲（一五四二）」跋文。又見Kwan S. Wong, Hsiang Yuan - Pien and Suchou Artists. PP.1。

㊽ 見「石續」（三）頁一六五五。

㊾ 見王穉登項穆傳，項穆（德純）著「書法雅言」，今在「美術叢刊」（一册）頁二〇七。

㊿ 姜紹書，「韻石齋筆談」，卷下頁二七。

(61) 見徐沁，「無聲詩史」，卷三頁五一。

(62) James Cahill, The Restless Landscape ; Chinese Painting of Thc Late Ming Period, P. 36; Ellen Johnston Laing, Chiu Ying's Three patrons : Ming Studies, 8:49-56(Spring 1979)

(63) 姜紹書，「韻石齋筆談」，卷下頁二八。

(64) 見「嘉興府志」，卷十五頁二二。文物一九八三年八期，陸耀華「浙江嘉興明項氏墓」一文稱:一九七五年春，在嘉興市西南十八公里原稱「項坟」的地方，發現一座明代墓葬。與「嘉興府志」所記相符。據棺內出土拓片載:「萬曆二十七年七月中元東海項穆贊」。項穆（即德純）為項元汴之長子。墓內三具女屍可能是項元汴的三個妻室。這是有關項氏很重要的史料。

(65) 朱彝尊說項元汴「願嗇於財」（參見本節註⒂），王世貞說項元汴「善積著起家」（參見註解十二）；詹景風，東國玄覽附錄。（台北:藝文印書館影本美術叢書第五集第一輯），「文氏顧氏翻刻定武蘭亭十四跋」中，詹氏說一五七六年他去過項氏家並形容:「項為人鄙嗇，而所收物多有足觀者，其中贋本亦半之，人從借觀，則驕矜自說好不休，人過之本欲盡觀其所藏，彼固珍秘不竟示，意在欲人觀其詩，詩殊未自解，乃亦强自說好不休，冀人稱之，顧欲觀其所藏不得不强與說詩，稱佳以順其意，使之悅而盡發所藏也」。

㊅ 少岳項長公墓志銘說：「季（元汴）嘗鬻質米萬餘石而爲其人所訟，琅邪王（王世貞）先生以參政守嘉湖道，當聽之，宿高先生行善爲之德，授指有司，聞之先生，先生不可以書報龔令曰：余不能庇弱弟奈何乘其危而利之耶。龔義之聞于王，嘆曰：俗吏汙高士耳，事遂寢。」（參見本節註⑧）。

㊆ 「墓誌銘」：「（項元汴）且手題䃫欂，比於司空表聖之誌生壙者。」

㊇ (1)「石初」（上）頁六五七：項元汴自題柏子圖（軸）「寫於幻浮精舍」，(2)清，梁章鉅（一七七五－一八四九），「退菴金石書畫跋」（一八四五），卷一七頁八，記載：「墨林項元汴幻浮齋」（項氏款識「時萬曆乙亥秋日」，同時有梁章鉅之按語：「按萬曆無乙亥恐是乙酉或丁亥之誤，否則作僞者之荒唐矣。」）

㊈ 參見本章註㊵。

㊉ 王世貞「弇州山人續稿」，「陳氏墓誌銘」； Kwan S．Wong, Hsiang Yuan-Pien and Suchou Artists, P．1。

㊊ 參見本章註㊅。

㊋ 見藝術叢編第一集第三十五册頁二四五－二四九。

㊌ 據「宣鑪博論」頁二四九：「天啓丙寅（一六二六）春三月檇李項子京書」。

㊍ Stephen W．Bushell; Chinese Porcelain, Sixteenth Century Colored Illustrations With the Chinese Manuscript text by Hsiang Yuan-Pien, 1908。

㊎ Kuo Pao-ch'ang and John C．Ferguson, Noted Porcelains of Succesive Dynasties With Comments and Illustrations by Hsiang Yuan-Pien, 1931。

㊏ Paul Pelliot在通報（T'oung Pao）中發表過的評論，一九四四年由馮承鈞翻譯成中文，參見本書第一章註⑫。

⑦⑦ 參見「歷代名瓷圖譜眞僞考」，頁四五。

⑦⑧ 翁同文教授有新著「項元汴名下『蕉窗九錄』辯僞探源」尚未發表，蒙他以原稿借我參考，並允引用其要點，特此致謝。

第三章　項元汴之書畫造詣

第一節　從作畫之數量看項氏之功力

一個藝術家的成就和造詣，常決定於兩方面：一是天賦，一是功力。要評判項元汴的書畫造詣如何，要先看看他一生中共作了多少書畫？又傳世的有多少？項元汴的作品究竟還有多少流傳世間，很難有確切的統計，現在我只根據自己見聞所及，把它們列出來，以供參考。

福開森編「歷代著錄畫目」，頁三二九列項元汴畫四十件，刪去重複的，約共有二〇—三〇件。喜龍仁「中國畫」著錄中列二十件①。「石渠寶笈」共列項元汴畫作十四件與書作二件；「石渠寶笈」所著錄之十六件中現存台北故宮博物院者有六件，其他十件流落到國內外。其中年月最早的是一五四二年作「仿黃筌花卉卷」②，最晚的是一五九〇年作「枯木竹石册」③。現在我的調查工作就是根據以上的史料，先把藏在台北故宮博物院的列出並略加說明，然後將圖錄著錄中所見的列於其後：

一、現存台北故宮的項氏畫蹟

1.善才頂禮軸（圖版五）

本幅紙本，縱一三〇・五公分，橫三〇・五公分。畫上有項元汴篆書欵與二方印。另有姜漸題與二方印、張鳳翼（一五五〇—一六三六）題與印、有項聖謨（一六五二）題與二方印。鑒藏寶璽：八璽全。著錄於「秘續」頁一五一；「故錄」卷五頁四二六。

2.空山古木册

本幅紙本（名繪萃珍第八幅），縱四〇・五公分，橫二七・一公分。畫上有項元汴自題：「僻徑人踪絕，空山世界閒。墨林居士題。」和四方印。另有乾隆御題行書（一七九一）及五方鑒藏寶璽。著錄於「石續」㈣，頁二〇五五—二〇五六；「故錄」，卷六頁二四九。

3.倣蘇軾壽星竹軸

本幅紙本，縱五六・八公分，橫三九・二公分。有項元汴自題：「萬曆庚辰（一五八〇）九月二十五日，黃君心潛袖宋經楮，索予繪事，爲家嚴壽，卽心摹手浞蘇長公畫壽星竹所貽通悟禪師者，寫以祝之。緣後山父尚志禪宗，遂併具之，墨林居士。」下鈐五方印。另有「臯謨鑒定」題識、「項伯子」印、乾隆御題行曾（一七四七）。鑒藏寶璽：八璽全。有文伯仁、黃元吉、子孫世昌、令之清玩收傳印。著錄於「石續」㈣，頁二〇〇八；「故錄」，卷五頁四二五。

4.蘭竹圖軸（圖六）

本幅紙本，縱七八公分，橫三四・三公分。有項元汴自題三次：「懸崖標獨操，絕壁抱孤芳。墨林子項元汴寫蘭竹圖」；「高逸予之知已，聞欲過我之興，爲備雞黍、下榻以俟。試聽足音，跫然杳寂。漫滌硯走筆辨此，少將清供，聊以斯文共娛。樂賢友之益，免宴樂之損。較之羣居不義，以爲孰愈。汴子再識。」；「俯仰原無心，凌憑如有意。此梅道人景句，兼比錄之，以徵吾志。」並有三方印。鑒藏寶璽：五璽全、及寶笈三編印。收傳印記：儀周鑑賞。著錄於「石三」㈦，頁三二一九；「故錄」，卷五頁四二四。

5.梓竹圖軸（圖七）

本幅紙本，縱四五・八公分，橫二七・二公分。有項元汴自題：「新秋涼雨披拂，一洗燥思，北窗閒弄筆研，戲寫梓竹圖，以寄幽而。淨因菴主項子京識。」與五方印。鑒藏寶璽：五璽全、寶笈三編。收傳印記：禹晙寶秘、墨林季孫、皜亭主人審定、項伯子。上有「皐謨鑑定」四字。著錄於「石三」㈣，頁二〇一二；「故錄」，卷五頁四二四。

6.墨蘭册（圖八）

本幅紙本，縱五九公分，橫三三公分。有項元汴欵識與四方印，有乾隆御題行書。鑒藏寶璽：（本幅）「乾隆鑑賞」、「三希堂精鑑璽」、「宜子孫」。著錄於「故錄」，卷六頁一九九；「石續」㈠，頁五〇五，「名畫琳瑯」册之第十二幅。此墨蘭圖可能是臨文徵明之「畫蘭竹」（現藏「故宮」，

曾經項氏收藏）

二、見於圖錄與著錄中的項氏書畫

1. 山水畫幷詩書（圖九）：見「大風堂名蹟」第一集（台北，一九七六，自印本）頁二七。畫上有一五七八年的欵識：自題七言律詩一首，並題，此書「於草玄閣戲效米家法」。

2. 畫墨竹（明人畫扇）冊：見「故宮週刊」，第一四冊三二五期；「石三」㈡，頁六一〇。畫上有項氏自題爲「孝仲朱君作」。

3. 畫竹菊軸：見「石三」㈡，頁五七二。據項氏自題，此圖是仿陳淳沒骨花冊（參見本章第三節㈠）。

4. 蘭竹（花卉扇）：見「石初」㊤，頁五〇一。圖載「南畫大成」，卷一頁五〇。畫上有自題與印二方。

5. 寫生花卉圖卷：見「支那南畫大成」（日本：一九三六年，興文社），卷四頁三二一—三三。

6. 竹石圖：見「中國名畫集」（日本：一九四五年，龍文書局），第三冊。

7. 竹石圖：日本橋本末吉藏。見「中國書畫」，第三冊（光復書局，一九八一），頁六〇。畫上有自書詞與印二方。

8. 柏子圖軸：見「石初」㊤，頁六五七。有自題與印，據項氏題記此軸畫於「幻浮精舍」。

9.簷葡花（明人畫扇集册，上册第十二幅）：見「石初」(下)，頁七三二。有自題與印，又有李昂枝印。

10.杏花（明人畫扇第三册第十幅）：見「石初」(上)，頁三三三。有自題與二方印。

11.詩意圖：見「墨緣」，卷四頁二〇〇。水墨山水圖，上有小楷書自題。又有癖茶居士、惠泉山樵印。

12.仿倪雲林軸：見「退菴金石書畫跋」，卷十七頁八。有自題作於「幻浮齋」。

13.竹石小山圖軸：見「虛齋名畫續錄」，卷二頁一。

14.荆筠圖并題卷：見「式畫」，卷二九㈣頁五二一；「佩文齋書畫譜」卷八七，頁四六。有項德裕識、王穉登書。

15.梵林圖卷：見「虛齋名畫錄」，卷四頁一。

16.寒林雙樹：見陳焯（一七三三—？），「湘管齋寓賞編」，卷六。

17.蕉石圖并題：見「式畫」，卷七㈢頁三三七。

18.花鳥常春圖册：見「式畫」，卷五㈢頁二八六。有董其昌題跋。

19.畫荷并詩自題：王伯敏、黃湧泉編，「浙江古代畫家作品選集」（一九五八）此幅今爲美國王季遷藏③。

20.桂枝香園圖軸：見「中國名畫集」第三册。

除了以上所舉的二十幅以外，在「晉唐宋元明清名畫寶鑑」（劉海粟編：申報館，上海），頁七二，刋出一件；又一幅今在德國Koln,Ostasiat Museum④。

有關項氏自作書畫的調查統計工作有很多困難：一則由於個人見聞不廣，項氏傳世作品多不能親自過目；再則因同一幅畫有時經多家著錄而又標題相異，又加上英文譯名與中文標題也很混亂，所以無法做到精確的程度。以上的調查統計表只能供參考。希望有機會再加補充修正。

第二節　項氏的藝術修養

項元汴的藝術修養大部份來自其個人所收藏的骨董藝術品，或是與當時的書畫家交遊所得，他在藝術的領域中是位博學多聞之士，但他的創作能力却遠不如他敏銳的審美能力，正像姜紹書所說的：「家藏既多，薰習之久，亦能自運。」⑤。

董其昌說：項元汴畫山水「學元季黃公望、倪瓚，尤醉心於倪，得其勝趣，每作縑素，自題韻語；書法亦出入智永、趙吳興，絕無俗筆」（參見「墓誌銘」）。又評他的花鳥畫說：「項元汴寫生至宣和殿畫院諸名手，始具衆妙。亦由徽廟自工此種畫法，能品題甲乙耳。元時惟錢舜舉一家，猶傳古法。吳中雖有國能，多成逸品，墨林子醞釀其富，兼以巧思閒情，獨饒宋意。」⑥

項元汴除了能畫山水、花鳥以外，又擅長畫蘭竹，個人所見圖錄畫蹟中，有蘭竹七八幅，顯示了董其昌對他的批評：「項元汴山水古木墨竹梅蘭，天眞雅淡頗有逸趣」是合理的⑦，姜紹書認爲他畫蘭竹松石「亦入妙品」⑧，「饒有別韻」⑨。徐沁的批評是：「縱筆疎秀，神合處輒臻勝境；題句書法並佳。」⑩。

方薰（一七三六——一七九九）評他的畫說：「皴染色實可登實父（仇英）之堂，而入六如（唐寅）之室矣。」⑪。

以上所述鑑賞名家雖對他大力褒獎，但我們必須承認他只是一個精鍊的業餘畫家而已。他理想中的書畫家兼收藏家之一是倪瓚，但他和元大家倪瓚是有高低之別的。故宮博物院所藏的項氏作品中，有一幅很明顯的學倪瓚（參見圖七）

美國學者艾瑞慈批評他：「是有才氣的玩票書畫家，而不是一個聲名遠播像文徵明或沈周一般的書畫家，他追尋相同的理想，但並未得到很大的名氣。」⑫這個評斷是相當公允的。

據董其昌說項元汴畫過工筆畫，但是他的畫蹟流傳下來的大部份是竹石、蘭、山水，未見他的工筆畫留下來。

他對書法也有很高的造詣，從張大千收藏過的「項元汴畫詩書」（參見圖九）⑬可以看出他的書法學過米芾。又題桂枝香園又略近宋徽宗至於董其昌說他的書法「出入智永，趙吳興」，但在他的題跋却沒有明顯的跡象。從他跋懷素「若筍帖」的行草書及隸書名欵（圖一〇）看來，更可證明他的書法實在不高明，也可證明「免題錢」的故事也不是虛構的。在著錄中有項元汴曾臨懷素千文卷⑭，又有「行書宋詞一首」與「行草書七言律詩」⑮。項元汴也會寫篆書，在顧凱之畫女史箴圖卷有項元汴篆書記語⑯，跋王羲之平安，何如，奉橘帖時也用篆書（圖一一A）在其「善才頂禮」圖上也有項氏篆書款誌⑰（參見圖五）由此知他的篆書並沒有太高的水準；又在傳世的畫蹟中有的學倪瓚，所以字也多少學倪，而近褚遂良。⑱（參見圖七）

據吳修（一七六四—一八二七）說他同代的人喜歡他的畫，却不喜歡他的題畫的方式和他的書法，有時遂賄賂他的書僮在尚未題字前將畫偸偸携出，謂之「免題錢」⑲（圖一二）。

總之，項元汴由於收藏富，所見歷代名家書畫甚多，並曾遍臨古代大家，這可以從他傳世的書畫及題跋中看出來。

第三節　畫友

項元汴的家族是明永樂年到崇禎末年（一四四二—一六四四）⑳約二百年之間嘉興的望族，風雅豪邁，交遊甚廣。在本節中所介紹的只有限於與項氏收藏有關的人物：包括1.項氏收藏品的來源，2.爲項氏藏品的題跋者或鑑定者，3.與項氏同時代的書畫家而爲項氏所愛慕並收藏者，4.與項氏多有文字上之往還者。而這些人物中，以文徵明一家，仇英、董其昌、陳淳、華夏、陳繼儒等人關係最密，現在依次介紹如下：

一、常往來於天籟閣中的蘇州畫家

㈠文徵明、文嘉、文彭父子

文徵明（一四七〇—一五五九）原名壁，字徵明，後以字行，字徵仲，號衡山，蘇州吳縣人。他是宋朝文天祥（一二三六—一二八三）的裔孫，學文於吳寬（一四三六—一五〇四），學書於李應禎（字貞伯，一四三一—一四九三），學畫於沈周（一四二七—一五〇九）。他是明朝吳派之主流，蘇州文壇的中心人物㉑。文徵明的妻子是吳愈（字惟謙，號遯庵，一四四三—一五二六）的女兒，他們有三子二女：長子文彭（字壽承，號三橋，一四八九—一五七三），次子文嘉（字休承，號文水，一五〇一—一五八三）。文徵明長項元汴五十五歲，在文徵明八十歲以後的十餘年間，文、項兩家來往頗多，項元汴也許是文徵明學生之一。博學多聞的文徵明給年輕的收藏家項元汴的影響是不能忽略的。從現有的史料中可知項元汴收藏，有一部份來自文家，又有一些曾經文氏父子鑒定題跋，還有一部份項元汴藏品上鈐了文氏父子收藏印。今天我們雖然無法清楚知道項元汴的收藏品中有多少來自文家，而文氏父子對項元汴的收藏有很大的關係却是可以確定的。或許項元汴的收藏品中，有相當大的數目是經過文氏父子鑑定過的。以下是平日所見的一些有關史料：

1. 一五五二年項元汴跋「沈周畫韓愈畫記圖」，項元汴自跋曰：「沈石田畫韓文公畫記圖，文衡山書，墨林項元汴眞賞，明嘉靖三十一年（一五五二）春三月上巳裝池㉒。項元汴此跋於一五五二年，稱「沈石田畫韓文公畫記圖文衡山書」。然文衡山書欵曰：「嘉靖戊午（一五五八）八月廿又四日，爲項君子京書」却在項跋後六年。如果不是抄錄或印刷時有誤，可能文徵明之題句，在項氏得此畫之後。

2.一五五六年，項元汴三十二歲，從文徵明家得到了「張雨自書詩帖」，上面有項元汴的題識㉓。

3.一五五八年，項元汴三十四歲，九月二十三日，文彭跋項氏藏「宋度宗手勅卷」㉔。

4.一五五九年，文彭七十一歲，爲項元汴書「採蓮曲」，時項元汴三十五歲而文徵明於是年逝世。由文彭的跋文知道當時他正研究「懷素的自序帖」（圖一三），所以他以懷素草書法寫「採蓮曲」贈項元汴㉕。

5.同年文彭跋「懷素書老子淸靜經卷」，文彭稱懷素此書「筆法高古，其爲眞蹟無疑……」㉖，上有項元汴的印章一百餘方，大概項元汴收藏這卷時，曾經文彭幫助鑑定過。

6.一五七五年，文嘉七十五歲，爲項元汴跋「趙孟頫書高上大洞玉經卷」。此卷是項元汴以重價購得，持以求文嘉題跋，其時項元汴已五十一歲，文徵明已卒十六年㉗。

7.一五七七年，項元汴五十三歲，文嘉題「唐馮承素摹蘭亭帖卷」。（圖一四）此卷是項元汴購於王氏，王氏爲何人不得而知㉘。

以上所述項元汴藏品，多經文氏父子題跋，從這些題跋可以看出兩家交往的情形及時間。此外，項元汴收藏文徵明之書畫也不少，如：1.現存故宮博物院的文徵明「自書詩帖卷」、「關山積雪圖卷」、「畫蘭竹」、「古樹茅堂」册頁㉙，2.山口（芦屋：日本兵庫縣）收藏的「灌木寒泉圖」（一五四九年畫的）㉚，至於沈周文徵明補圖趙孟頫書「蘇軾烟江疊嶂圖詩」；有項元汴題識，他三十五歲時（一五五九年）從錢塘丁氏買得此圖㉛，由此跋文知項元汴收藏品中也有文徵明去世以後託別人買文氏之畫或文氏之收藏品。

除此以外項、文兩家書信來往頻繁，傳世文獻資料中，卞永譽（一六四五—一七一二）「式古堂書畫彙考」卷二十四載十九札與謝稚柳在其「北行所見書畫小記」中記載文彭與項元汴書四十九札㉜，以上「式古堂書畫彙考」所記載的十九札，也是文彭與項元汴的十九札裏現舉五札爲例，可以看出他們交往的情形。

1「馬遠希上者絕少，此幅若在絹上，當更見筆力，其人物似亦非張可觀所能到，後「臣馬遠」三字寫得甚好，若僞物不敢如此寫也，且題識甚多而皆名人，……彭頓首墨林尊兄。」

文彭信中所說的馬遠之畫，是畫在紙上的，他的畫在紙上的到今天尤少見。曾經項元汴收藏過的馬遠畫，所見有秋江漁隱圖軸（見「故錄」，卷五頁九十五），不知與此有關否？

2「竹林對弈妙甚，且王席帽、陶南村、錢曲江皆名人，可愛可愛！但吾兄不知弈旨，恐未深識其趣耳！一唉一唉。其元人卷魏公筆亦精妙。伯溫、太樸皆以四體而吳孟思、趙期頤之篆亦表者，柯九思、康里子山皆可觀，但李存及解縉欠佳耳。草草奉復不能盡。彭頓首墨林尊兄」

此札涉及到許多位元代的大名人：王席帽卽王逢，號席帽山人，陶南村爲陶九成，錢曲江卽錢惟善，魏公爲趙孟頫，伯溫爲周伯琦，太樸爲危素，吳孟思名叡，趙期頤字子期，康里子山名巙　。李存字明遠，解縉字大紳則爲明人。以上十二人不但是名人，也是元明的大書家。

3.「此吳中名畫，舊傳畜之必有災禍，已燬於火，而南濠寓意錄云，已賣與他方人，雖家君亦不曾見，區區只見臨本而已，彭復墨林尊兄」

「此吳中名畫」不知爲何畫？

4.「四體千文佳甚，若分作四本，每本可值十兩，其文賦因紙欠佳，故行筆澀滯耳！雖非佳品，然亦可刻者也。明後日詣宅賞閱也。草草奉復。不次。彭頓首墨林尊兄」

由此札知明末（十六世紀末）書四體千文約值銀四十兩，但此札中沒有說何人之四體千文。此件當時爲墨林收藏。

5.「杭人有回者得題目，千萬見示，朝來頭瘡復熾，不能走謁，家君近日所書千文付來，一看，不盡，彭白事墨林尊兄」

由此知二人常常來往，文彭並以其父文徵明千字文請項元汴閣覽。在項元汴收藏中未見文氏千字文。

以上所見書札的內容中，我們可以知道項元汴的大部份的收藏品曾經過文嘉鑑過定的。

一五七八年六月八日項元汴五四歲生日時，文嘉爲項元汴畫山水圖[33]賀項元汴生日，此圖現藏美國普林斯頓大學（Princeton University The Art Museum），上有文嘉的題識：

「萬曆六年（一五七八），墨林壽登五十有四，六月八日其初度之辰也，因寫此爲贈，文嘉。」

由以上史料，可知文徵明、文彭、文嘉父子三人與項元汴收藏關係密切。他們不但幫助項元汴鑑定藝術品，而且常以自己的作品相酬贈，也常以古物相交換？研究藝術史的人可以從他們的交往中，得知當時書畫的價格，及當時藝術界活動的情形。

項元汴與仇英之關係乃緣於仇英以職業畫家之身份，應項氏之請而替他臨摹古代名蹟，所以本文要談的是根據傳世的仇英畫蹟與著錄中所提到的兩家關係的資料。

㈡仇　英

仇英（一四九四—一五五二？）是江蘇太倉人，僑居於蘇州。早作靠作畫來維持生活。曾學畫於周臣（一四五〇—一五三五）。後來認識了文徵明周圍的文人，遂與當時蘇州一帶著名的收藏家相交往，項元汴就是其中之一。不過如果仇英卒於一五五二年可信，則其時項元汴年僅二十七。因此我們推測項元汴在青少年時代便已認識了仇英。仇英於嘉靖二十年（一五四一）所畫仿周昉採蓮圖[34]爲項氏所藏[35]，但項氏何時得到此畫，已無法確知，而此畫的眞僞也無法確定。它只能告訴我們項、仇相識可能在項元汴青少年時期。

又據高士奇（一六四五—一七〇四），「江邨銷夏錄」，卷三頁六十知道仇英曾爲項文汴畫過小像：

「仇實父項墨林小像，絹本大斗方，重青綠，作桃花春景，巖中兩人對弈，墨林正面趺坐，一童子掣古銅瓶汲溪中，仰觀飛雀，意態生動，欵一行左右方小楷書：『爲墨林小像寫玉洞桃花萬樹春。仇英製。』鈐「十洲」印。」

此畫未署年月，不知是否存世。但是仇英比項元汴大三十一歲，所以此畫若是可信，則應該作於一五五二年仇英卒以前，當時項元汴方二十七歲。

現存一幅賈瑞齡摹項元汴小像為台北故宮博物院王世華先生藏。（參見圖一）畫中項元汴坐椅中，椅旁一几，几上置香爐如意，畫左款署「賈瑞齡摹」。可知此畫與高士奇所藏並非一本。

項元汴收藏品中有獨樂園圖，獨樂園圖現在有三幅：兩幅是項元汴收藏過的，其中之一是宋人畫司馬光獨樂園圖；水墨畫無名款，有項元汴收藏印，現藏於故宮博物院㊱。另一幅是仇英所畫文徵明書記：彩色畫有項氏印五十九方與文徵明印，並有一六四四年項元汴之孫項禹揆（十六世紀——十七世紀）跋與翁萬戈收藏印四方，現藏於美國克里夫蘭博物館（The Cleveland Museum of Art），畫不記年月，文徵明記作於嘉靖戊午（一五五八）年閏七月十三日，裝於仇英畫獨樂園圖卷後㊲。這時項元汴三十四歲。又據項禹揆跋，說此畫是李公麟的風格，或許項元汴收藏過前面所說的宋人獨樂園圖（圖一六），又以此畫求仇英臨仿，並求文徵明書獨樂園記。另外一幅文徵明畫獨樂園圖并書記㊳，沒有項氏收藏印的，款署：「嘉靖戊午（一五五八）年七月廿日徵明」，記後款署，「嘉靖戊午（一五五八）年閏七月既望書，徵明時年八十有九」。據以上資料知文徵明兩次書獨樂園記在同年同月，只差了二天的時間。

仇英作品曾經項元汴收藏過的，另有現存故宮博物院的仇英臨古。青綠山水冊；這是仇英五十四歲（一五四七）為項元汴所臨共六幅㊴同年（一五四七）多天作水仙臘梅圖軸，此幅也是仇氏為項氏畫的㊵。此外仇英作品上有項氏收藏章的有1.漢宮春曉卷（圖一七），2.秋江待渡軸，3.蕉陰結夏軸，

4.桐陰清話軸㊶，均存故宮博物院。

據陳繼儒書畫史載，項希憲（字夢原，篤壽長子）家有「仇英仿宋人花鳥山水畫冊一百幅」㊷；「大觀錄」中項元汴之孫項聲表（生卒不詳）跋仇英秋原獵騎圖說「仇十洲先生畫，實趙吳興後一人，討論余先大父墨林幃幕中者，三四十年，所覽宋元名畫千有餘矣。又得性天之授，餐霞吸露，無煙火氣習，遂爲獨絕之品，聲重南金。流傳於外，十有九贋。……。余家藏自伯叔兄弟秘庫中，約有百幅」㊸。大觀錄另外一個記載，以仇英曾在項元汴家住了十餘年㊹。

總而言之，仇英與項元汴之交往非常密切。陳之邁之項元汴小傳（明代名人傳）以爲他與仇英相交約僅五年（一五四五—一五五〇）；黃君實先生則以爲二人交往約共十一年（一五四一—一五五二）；Ellen Johnston Laing 說項氏與仇氏之交往時間是一五四五—一五五〇㊺，項聲表在跋仇英秋原獵騎圖，以爲仇英在項元汴「幃幕中者三四十年」，這是值得懷疑的事㊻，因爲仇英死時，項元汴只有二十歲。倒是大觀錄中說仇英在項家任家館十餘年，是比較合理的，由此可知項元汴對仇英的藝術影響也很大，也可以證明收藏家對藝術家之藝術發展的支配力量。

㈢董其昌

董其昌（一五五五—一六三六），字玄宰，號思白，江蘇松江華亭人，萬曆十六年（一五八九）進上，官至禮部尚書。善書畫，山水筆墨爽朗，瀟灑自具風格。董其昌首倡中國繪畫南北分宗之說，對後代中國藝術史影響很大。他的畫也獨具風格。可以說是文人畫之集大成者。約當他二十歲的時候有了幸運的機會在項元汴家裏當過家庭敎師㊼。董其昌較項元汴小三十歲，與項氏長子德純年齡約相同，所以兩人成了很好的朋友，後來董其昌在他的文章中一再地提到項元汴的收藏對於他的書畫造詣有很大的幫助。現在據我所見到的資料，把項元汴跟董其昌的關係簡單介紹一下：

其中珍貴的史料是崇禎八年（一六三五）乙亥子月，董其昌八十一歲時爲項元汴所撰墓誌銘，此銘文原跡現藏東京國立博物館（參見圖二）㊽，它不僅詳述項氏的家世、生平、並告訴了我們董其昌與項氏一家的關係。摘要說明如下：

1.董其昌把項氏之收藏比作「米芾之書畫船，李公麟之洗玉池。」

2.述項元汴之交遊皆「風韻名流，翰墨時望，如文壽承、休承、陳淳父、彭孔嘉、豐道生輩」。

3.以項元汴山水學黃公望、倪雲林；書法出入智永、趙吳興。

4.董其昌自稱爲諸生（秀才）時初遊檇李（嘉興）即認識了項元汴之長子德純，因德純而認識了項元汴。

5.項元汴卒（一五九〇）後四五年，項元汴之次子德成求董其昌撰此墓銘，知董其昌與項家之關係經歷了五六十年之久，銘文後面有兩個跋一個是陳繼儒（一五五八—一六三九）八十一歲時寫的，另一個是范允臨（一五五六—一六四一）的。

董其昌於一六〇二年跋趙孟頫鵲華秋色圖，說二十年前（約一五八二）在項元汴家裏見過這幅畫㊾，那時董其昌二十七歲，正值學習書畫的階段，董其昌三十五歲時中了進士，他的畫也漸成熟而建立了他自己的風格，由此可知道項元汴家族對於董其昌的書畫造詣是多麼重要了。

長壽的董其昌在項元汴死後，與項元汴之子孫的關係仍很密切，董其昌直到卒前一直與項家保持來往。下邊僅舉幾個例子：

1.董其昌於一六〇四年在項氏家見過王晉卿（詵）瀛山圖，想像其意而作了烟江疊嶂圖，十年後（一六一四）重題。當時項元汴已卒二十四年[50]。

2.董其昌跋項聖謨天香書屋圖[51]，此跋不記年。但項聖謨此畫作於崇禎元年（一六二六）。由此跋知這畫是爲他的弟弟項祖洲（仲子）所作，但項祖洲之名未列入本書「項氏世系表」中，因爲除了此董其昌跋以外，尚未發現有關項祖洲的史料。或許他只是項聖謨的同宗兄弟。

3.項聖謨畫董其昌等四賢觀畫圖[52]，此畫爲清姚際恒所藏。著錄於其「好古堂家藏書畫記」，卷下頁三十四。姚氏跋中以四賢爲董其昌、陳眉公、項孔彰及僧秋潭。因姚氏題跋對此畫描述不太清楚，也不記年代。但由此畫可以證明項聖謨與董其昌、陳繼儒、僧秋潭都是密切的朋友。倒是可以相信的。

4.董其昌題項元汴「花鳥常春圖」冊，據汪砢玉記一六一九年項又新邀請汪砢玉與董其昌到他的家，並求董其昌題他祖父項子京的花鳥冊。項又新死後（一六二三）汪砢玉購得此圖而再加題識。從以上幾個例子，顯示了兩家的關係。項氏收藏品中一定還有不少書畫曾經董其昌題識或鑑定，也有不少後來輾轉傳到董其昌的手中。

(四)陳　淳

陳淳（一四八三—一五四四）字道復，又字復甫，號白陽山人，蘇州人，兼善詩、書、畫三藝。出生於富裕的家庭中，他與文徵明父子爲莫逆之交。陳淳死的時候項元汴才二十歲。但是項元汴曾仿陳淳的沒骨花卉，並題：「暇日客有持陳道復沒骨花册示予，遂因所見而效顰，學步邯鄲而反失其故多見不知量也」[53]。

陳淳仿小米雲山卷曾經項元汴收藏過，現在美國弗瑞爾美術館藏（Freer Gallery of Art）[54]，另有兩幅項氏收藏過的陳淳畫現爲美國與日本私人收藏。由此可知項元汴的畫深受陳淳的影響，二人頗有來往，這在董其昌撰項氏墓誌銘中也曾提過。

二、與項氏交往的收藏家

(一)華　夏

華夏（生卒不詳，一五四四年進士）比項元汴大約三十歲，是當時無錫出名的鑑賞收藏家。華氏眞賞齋賦注載有他所藏的唐、宋、元名蹟共十四件[55]，文徵明晚年時常與華夏往來[56]，因文、項二家都是當時的望族，都擅書畫，又都有豐富的收藏，所以華夏也與項氏有所往還，從著錄中可發現到項元汴的部份收藏中有些得自華家。

一五六〇年春天，項元汴三十五歲，在無錫以五十金從華氏手中購得元虞集書「虞允文誅蚊賦卷」[57]。後來他又以銀八十兩向華夏買到宋黃筌「柳塘聚禽圖卷」[58]。項元汴這兩件收藏的名蹟都是得自華夏。我們無法確知華夏收藏過多少名蹟，也不知道華夏跟項元汴交換過多少古代名蹟；但據華氏的眞賞齋賦注所載十四幅畫，可知他對鑑賞非常內行，同時對於項元汴的收藏一定有不少貢獻。

㈡陳繼儒

陳繼儒（一五五八—一六三九）字仲醇，號眉公、眉道人。晚明書家，他與董其昌是很好的朋友。善書、畫山水、花卉、篆刻。著有妮古錄，其中有很多處提到項氏家的收藏品。這裏僅擧出在陳氏著作或題跋中有關兩家的事蹟如下：

陳繼儒曾在項元汴之三子又新家裏，與董其昌共賞，趙千里山水四大幅㊾。

陳氏說，李成「晴巒蕭寺圖」原爲文三橋所有，後來售與項子京，陳氏著錄時又歸董玄宰㊿。

據陳眉公書畫史：一五九五年六月初四日，陳繼儒觀項又新收藏品，名蹟十一幅。一六〇四年觀項希憲（名夢原，一五九五年進士）收藏品，王晉卿「瀛山圖」、宋元明名蹟六卷、仇英倣宋人花鳥山水畫册一百幅(61)。

又一六二六年頃陳繼儒跋項聖謨招隱圖卷(62)。陳氏此跋不記年，但前有董其昌跋（一六二六年），後有李日華跋（一六二七），所以陳氏此跋總在一六二六年—一六二七年之間，這時項元汴已死二十六七年，時項聖謨約三十歲。由此可知陳繼儒與項家之關係，從項元汴晚年開始經項又新、希憲一直到聖謨都有交往。

㈢李日華

李日華（一五六五—一六三五）字君實，號九疑、竹嬾居士，浙江嘉興人，學問淵博而精鑑賞。他比項元汴小四十歲，是否曾見過項元汴尚未發現明確史料。因爲李日華出身於農家，得了進士以後才能夠跟項元汴來往[63]。項元汴卒時（一五九〇），李日華年僅二十六歲，尚未中進士（一五九一舉人，一五九二進士），所以他與項元汴可能交往不多，但他比項聖謨長三十二歲，倒是項聖謨與李日華來往相當密切。

一六二七年李日華跋項聖謨招隱圖曰：「其筆法一本盧鴻乙草堂、摩詰輞川、關仝雪棧、營丘（李成）寒林諸跡，無一毫入南渡（南宋）蹊徑」[64]。李日華的「無一毫南渡蹊徑」語，正是他們南北分宗和揄南抑北的觀點。

一六三一年李日華跋「項聖謨臨韓滉五牛圖」（參見圖三三），由此跋可知項聖謨臨摹古畫的範圍很廣，並曾「宣力國家，爲天子繪九章法服，斟酌楷定太常禮器」[65]。

㈣汪繼美、汪砢玉父子

汪繼美（生不詳—卒約一六二六），浙江嘉興人，歷史家與藝術批評家，是項元汴的朋友。字世賢，號愛荊、荊筠。他有一個大庭園，其中有凝霞閣與眞賞齋，當時有名的畫家與學者們常常集合在那邊，或在汪氏的收藏品上題識或交換買賣收藏品。項元汴、李日華、董其昌都是跟汪氏交往的人物。汪繼美之子汪砢玉（一五八七—一六四五）字玉水，號樂卿、龍惕子。他應該是項元汴的晚輩，又極喜歡收藏，在他的珊瑚網中有很多作品與項家有關。

項元汴畫「寒林雙樹」，即經汪氏凝霞閣收藏[66]。

【附　註】

① Osvald Siren, Chinese Painting, Vol, VII, PP. 189 – 190。

② 見「宋元明清書畫家年表」，頁一五八。

③ 見「石初」(上)，頁四九九：明人便面畫，第二册第十三幅，項元汴欵識「庚寅（一五九〇）秋日寫」，又見「故宮週刊」，二五六期第四版；南畫大成，卷一頁五一。

④ 上述「晉唐宋元明清名畫寶鑑」、王季遷及德國的收藏，均見於喜龍仁之「中國畫」。

⑤ 見姜紹書，「無聲詩史」，卷三頁五一。

⑥ 見「式畫」，卷五㈢頁二八六；「佩文齋書畫譜」，卷八七頁四五，董其昌題項元汴畫鳥常春圖。

⑦ 見「佩文齋書畫譜」，卷五七頁九之引文「畫史會要」。

⑧ 見「無聲詩史」，卷三頁五一。

⑨ 見「韻石齋筆談」，卷下頁二七。

⑩ 見「明畫錄」，卷四頁五一。

⑪ 據方薰，「山靜居畫論」，頁一六六說：「吾鄉墨林項氏，不獨精於鑑古，書畫皆刻意入古，高氏有其（項元汴）所模閣本帖，全卷筆意不爽，殆可謂之翻身鳳凰，爲王太學寫百谷圖，爲東禪寺僧畫梵林圖，皴染色實可登寶父之堂，而入六如之室矣。至其竹石墨花，世皆知爲絕品。」

⑫ Dictionary of Ming Biography, P. 542: Richard Edwards of the University of Michigan, commenting on Hsiang's works, said.

⑬ 參見本章第一節㈡之1。

⑭ 梁章鉅（一七七五—一八四九）「退菴金石書畫跋」（一八四五）(上)卷八頁二四。據陳繼儒「妮古錄」記載此卷是項元

度收藏，上有高士奇（一六四五—一七〇四）、項聖謨收藏記語，所以這卷經過項元度又到項聖謨。

⑮ 項元汴行書宋詞見「石初」(下)，頁七二二，明人便面冊第十一幅；行書七言律詩見「石初」(上)，頁三二〇，明人書扇十冊中第五冊第八幅。

⑯ 見「石初」(下)，頁一〇七四。

⑰ 見「秘續」，頁一五一。

⑱ 見本章第一節之第5.，梓竹圖之項元汴自題。

⑲ 據吳修，「青霞館論畫絕句」（一八一四）：「項墨林書得松雪翁意，而題畫辭句多累，當時乞其畫者，先以青錢三百餽小童，書畢卽用印記，取出，免其題識，謂之免題錢。」

⑳ 從項忠一四四二年中進士到甲申（一六四四年）國變，共二〇二年。

㉑ 文徵明師友子侄門人；沈周、唐寅，仇英、謝時臣、陳淳、王寵、陸治、文彭、文嘉、王穀祥、文伯仁、錢穀、周天球、陸師道。見江兆申「文徵明與蘇州畫壇」，頁一（台北：故宮，一九七七）。

㉒ 見「石續」，頁一〇二七；「故錄」，卷八頁四一。

㉓ 據「石續」，頁三七二：「張貞居墨妙帖，共計陸拾貳紙，項墨林識，嘉靖三十五年（一五五六）秋日，得於文衡山家。」。「式書」(二)，頁二三三：「張雨雜詩卷，此冊今藏余家向從文衡山處得之元汴」，前者與後者是否同一件，未可知。

㉔ 見「石三」，頁一三七二。

㉕ 見「石三」，頁四五一二。據「故錄」，卷四頁一八二：「連日偶讀素師自敘，自謂頗有所得，戲書此，以呈墨林，不知爲何如？己未（一五五九）正月廿又五日，三橋文彭。」

㉖ 見「秘初」，頁一七二。

㉗ 見張丑（一五七七—一六四三），「清河書畫舫」（一六一六），酉頁四四。據「式書」，卷十六（二册頁七八）：「文嘉跋……子京…以重價購得此卷持來求跋…子京其寶之，萬曆三年（一五七五）四月十一日……。」

㉘ 據「石續」，頁一六五五：「……今子京項君，以重價購于王氏，遂令人持至吳中，索予題語，……萬曆丁丑（一五七七）孟秋七月三日」。

㉙ ①「故錄」卷一頁一一五。②「故錄」卷四頁一八七。③「故錄」卷五頁三九三。④「故宮書畫簡輯」，文徵明，第十二（元、明人畫山水集景册之五）。

㉚ Osvald Siren , Chinese Painting : Leading Masters and Principles• Vol•, Vl, Pls 。211 : Yama-guchi Col'lection Ashiya 。

㉛ 據「石續」，頁五四六：「趙孟頫書蘇軾烟江疊嶂圖詩沈周文徵明補圖，明嘉靖三十八年（一五五九）春二月購於錢塘丁氏……原價肆拾兩」。

㉜ 黃君實先生，項元汴與蘇州畫家論文中提到謝稚柳在其「北行所見書畫小記」中見到文彭給項元汴的信有四十九種，現都在大陸（Kwan S• Wong, Hsiang Yuan- Pien and Suchou Artists• ）。

㉝ 見「宋元明清書畫家年表」，頁一七五（台北：文史哲影印，一九七三）。鈴木敬「海外所在中國繪畫目錄」，A16—162，（日本：東京大學東洋文化研究所，一九七七）。Osvald Siren, Chinese Painting, Vol., IV, PP. 186.

㉞ 見「宋元明清書畫家年表」，頁一五七。

㉟ Kwan S• Wong, Hsiang Yuan-Pien and Suchou Artists 。

㊱ 據「故錄」，卷四頁八五：「謹按董其昌畫旨云宋人有溫公獨樂園圖仇實父曾摹本」。

㊲ 此畫是根據司馬光獨樂園七詠與蘇軾獨樂園詩作成，據項禹揆跋知當時已失去文徵明書獨樂園記，禹揆復得之二物於梅麓（原名齊彥槐，一七七四—一八四一），以重值購得者皆不易覯之寶也。見潘遵祁（一八〇八—一八九二）「須靜齋

雲煙過眼錄」，壬午（一八八二），四月二十五日。又見江兆申「文徵明與蘇州畫壇」，頁二六八。又見 Eight Dynasties of Chinese Painting, by The Cleveland Museum of Art, P. 166 ,1980 。

㊳ 見「故錄」，卷四頁一九五。

㊴ 據「石續」，頁四〇九：「宋元六景：仇英十洲臨古名筆，墨林項元汴清玩，嘉靖二十六年（一五四七）春於博雅堂……」。又見「故錄」，卷六頁四三。「故宮書畫簡輯」，仇英，第二。James,Cahill "Wu Pin and His Landscape Painting", Proceeding of The International Symposium on Chinese Painting , 1970。Osvald Siren , Chinese Painting,Vol.,Vll, PP. 174 ）。

㊵ 「故宮書畫簡輯」，仇英，第五，仇英欵署「明嘉靖丁未（一五四七年）仲冬仇英實父爲墨林製」。又見「故錄」卷八頁八〇。又見「式畫」，卷七（一冊頁三二九）。吳升，「大觀錄」，卷二〇頁六二。

㊶ 漢宮春曉圖見於「故錄」，卷四頁一八三；秋江待渡圖見於「故錄」，卷五頁三五五；蕉陰結夏圖見於「故錄」，卷五頁三五九；桐陰清話圖見於「故錄」，卷五頁三五九。

㊷ 見陳繼儒（一五五八—一六三九），「眉公書畫史」。

㊸ 見吳升（一〇五五—一一三九），「大觀錄」，卷二〇頁六三。

㊹ 「大觀錄」，卷二〇頁四八，仇英「滄溪圖卷」跋文：「檇李項子京收藏甲天下，館餼十餘年，歷代名跡資其浸灌」。

㊺ Ellen Johnston Laing , Ch'iu Ying's Three Patrons ; Ming Studies, 8:49-56(Spring, 1979)。

㊻ 江兆申先生也在「雙谿讀畫隨筆」（台北：一九七七，故宮），頁一四六，談及項元汴與仇英交往時間之長短，無確切結論。

㊼ 「清代名人傳略」（Hummel, Arthur W., Eminent Chinese of The Ch'ing Dynasty, 1943 ） 頁七八八。

㊽ 參見第一章，註⑥。

㊾ 據「石初」，頁九九八，董其昌跋曰：「余二十年前，見此圖於嘉興項氏，以爲文敏一生得意筆，不減伯時「蓮社圖」，每往來於懷。今年長至日，項晦伯以扁舟訪余，攜此卷示余，則「蓮社」已先在案上，互相展視，咄咄嘆賞，晦伯曰，不可使延津之劍久判雌雄，遂屬余藏之戲鴻閣，其昌記，壬寅（一六〇二）秋夕」，又見「故錄」，卷四頁一〇五。圖見於古原宏申、傳申「董其昌的書畫」(II)40。

㊿ 見「石三」，頁一六四一；「故錄」，卷四頁二三七。

(51) 見「墨緣」，卷四頁二〇一。

(52) 見第二章，註①。

(53) 見「石三」，頁五七二：項元汴畫竹菊軸自題文。

(54) Osvala Siren, Chinese Painting, Vol., VI, Pls • 246; Vol., VII, PP. 166。

(55) 「佩文齋書畫譜」（一七〇八），卷九八：王右丞輞川圖。郭恕先雪江圖，徽宗題字。米兵部瀟湘景。元暉雲山長卷。閻次平積雪圖。劉松年九老圖。馬麟四梅晴雨雪月。高彥敬絳色長卷。倪雲林爲彥清題彥清華中甫八世祖。趙子昂溪山仙館。秋郊飲馬。馬遠二羊設色山水圖。松雪漂母圖。王叔明青弁隱居小幅爲趙氏作。倪元鎮惠山圖，雲林自題幷陳方子詩。春齋圖倪爲宗晉題贈有叔明和詩：一共十四幅。

(56) Dictionary of Ming Biography, P. 1473。

(57) 據「石三」，頁一五九四：「此帖今藏余家，往在無錫蕩口，得於華氏中甫處。少溪家兄重購見貽之物，元汴。」。又見「式書」，卷十八（二冊頁一六五）。

(58) 據「石續」，頁二六四四：「墨林山人項元汴眞賞寶秘，原價捌拾兩，購於無錫華東沙家」。

(59) 據陳繼儒，「妮古錄」，卷四：「項又新家趙千里四大幅『千里』二字金書，玄宰與余諦審之乃顏秋月（原名顏輝）筆也。」

(60) 見「妮古錄」，卷四；「式畫」㈢，卷三。

(61) 參見本章註㊷。

(62) 見第二章，註①

(63) Dictionary of Ming Biography ,PP. 826 。

(64) 見第二章，註①。

(65) 見「石續」，頁一四七三。

(66) 見陳焯（一七三三—？），「湘管齋寓賞編」，卷六。

第四章　項元汴書畫收藏概述

有關項氏的書畫收藏，我想分四方面來討論：第一，先統計項氏所用過的收藏印，並將其編號排列，再根據這些印進一步去調查項氏的書畫收藏，這是研究項氏書畫收藏很要緊的一步工作。第二，根據項氏題記及編號，證明他必有幾種目錄或淸册，再從這些探測他所用的編目方法。項氏及子孫都不是學者，却有些經濟才能，也有一套管理方法。他的致富的要訣、編目的方法，在那時是非常突出的，値得仔細去硏究。所以中外學者早已注意到這一點。第三，項氏書畫收藏的調查與統計，這是本章中花時間比較多的部份。先從石渠寶笈、故宮書畫錄、式古堂等著錄查出，在古代書畫作品上凡鈐有項氏印章的、經項氏題跋的、或經他人題跋而註明曾經項氏收藏的，都列在下面的收藏表裡；並分爲法書、名畫、合卷和墨搨四類；我之所以把合卷列一類，是因爲合卷旣不能列在某人名下，有時書畫合裝在一卷或一册。墨搨，在照相印刷發達的今天，其價値已大大減低；可是在明代還沒有照相，早期墨搨也成爲收藏家爭購的對象。如本章第二節所述宋搨定武蘭亭序，其時價竟高達四百二十金，比他所收的最貴的畫（仇英、漢宮春曉長卷—價値二百金）還要高兩倍以上，所以也把它單獨列一類。

在本章最後，附了一份項元汴繪畫、題跋及有關收藏事蹟年表。在這個表裡簡單地說明項元汴創作書畫的情形，及其所收藏書畫的時間，如有人願意研究當時書畫的價格變遷，也可以在本章附表Da和Db中查得。

第一節　項氏所用的收藏印

對於書畫收藏家來說，印章是書畫眞僞的徵信物之一，收藏家在書畫上鈐上自己的收藏印，一方面表示自己曾收藏過它，也是佔有慾的一種滿足；另一方面表示收藏者的鑑別能力和重視的程度：例如項元汴的收藏中鈐印章最多是盧鴻草堂十志有將近一百方之多；唐懷素自敍帖上亦有七十多方；黃庭堅書松風閣詩卷上有四十餘方①。據「秘籾」記載，唐懷素書老子清靜經卷上有項元汴印一百八方。還有一點值得注意的是，鈐蓋印章或加題記已成了收藏家收藏過程中的一項很有意義的工作，藉此工作可以多一些機會和自己心愛的東西接觸，所以收藏家大都重視收藏印，在內府收藏中如宋徽宗、宋高宗、金章宗、元文宗、明宣宗都喜歡在收藏過的書畫上鈐蓋璽印？到了清乾隆達到頂盛，在私人收藏家中，賈似道、趙孟頫、朱棡（一三五八—一三九七）、文徵明都喜歡在所收書畫上鈐自己的印。後來的安岐、梁清標（一六二〇—一六九一）也有不少收藏印。可是在歷代私人收藏家中，以數量論，沒有一個人能比得上項元汴、項聖謨祖孫的。據那師志良先生的「項子京及其印章」之調查，單故宮書畫收藏上鈐項元汴收藏印就有九十八方；項聖謨則有六十六方（參見第一章註⑧）；項篤壽及其他子孫的收藏印章到目前爲止看到的二十三方，另有著錄中所發現而猶待考之項元汴印二、三方，總共項氏家人所使用的印章總共一九〇餘方。以致姜紹書批評項元汴說：「每得名蹟，以印鈐之，累累滿幅，亦是書畫一厄。譬如石衞尉以明珠精鏐聘得麗人，而虞其他適，則黥面記之，抑且遍黥其體，使無完膚，較蒙不潔之西子，更爲酷烈矣。」②。現在據個人之統計及「晉唐以來書畫家鑑藏家款印譜」將項氏祖孫用印附表於後：

（附表Aa）項元汴使用印

1

項元汴印

2

項元汴印

3

項元汴印

4

項元汴印

5

項元汴印

6

元汴

7

元汴之印

8

項子京印

9

項氏子京

10

子京父印

11

子京父印

12

子京父

13

子京

14

子京珍祕

15

子京所藏

16

項翰墨印

17

墨林主人

18

墨林

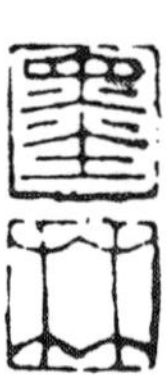

19

墨林

20

墨林

21

墨林硯癖

22

墨林生

23

墨林山人

24

墨林子

25

墨林外史

26

墨林祕玩

27

墨林嬾叟

28

項叔子

29

墨林項季子章

30

項印墨林

31

赤松仙史

32

癖茶居士

33

黄茶亭長

34

淨因菴主

35

惠泉山樵

36

香巖居士

37

蒿笠生

38

鴛鴦湖長

39

南華仙史

40

逸民

41

長病仙

42

西楚王孫

43

宮保世家

44

蘧廬

45

誠思齋

46

會心處

47

墅處

48

六藝之圃

49

若水軒

50

墨林堂

51

凈因菴

52

桃里

53

華雪齋

54

虛朗齋

55

棱嚴精舍

56

天籟閣

57

桃花源裏人家

58

墨林山人子京項氏元汴清玩書畫之印

59

項子京家珍藏

60

携李

61

平生眞賞

62

項墨林鑑賞章

63

考古証今

64

項墨林父祕笈之印

65

項墨林鑑賞法書名畫

66

神奇

67

退密

68

項元汴氏審定眞迹

69

博雅堂寶玩印

70

寄敖

71

（爵像）

72

神品

73

五云

74

堯封

75

遊方之外

76

遊方之外

77

沮溺之儔

78

世外法寶

79

物外玄賞

80

幻浮

81

惟心靜土

82

從吾所好

83

神游心賞

84

有何不可

85

隱居放言

86

物外奇寶

87

子孫世昌

88

田疇耕耨

89

子孫氶保

90

西儔耕耦

91

携李項氏
士家寶玩

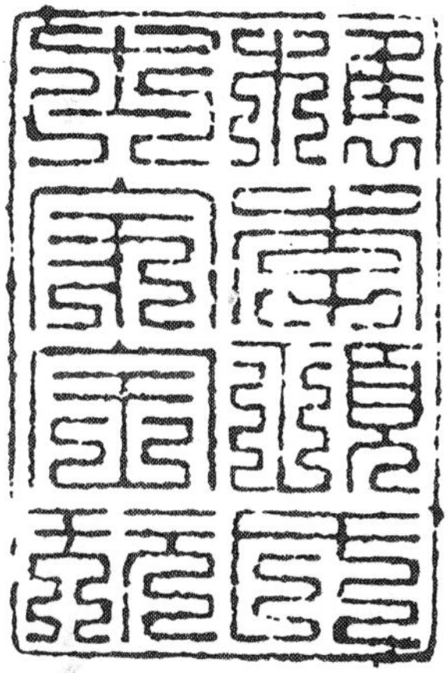

（附表Ab）項聖謨使用印

1

項印
聖謨

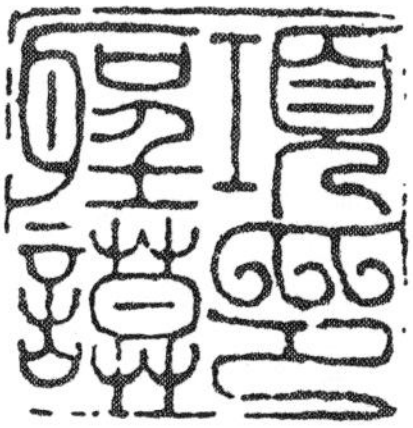

2

項印
聖謨

3

項印
聖謨

4

項印
聖謨

5

項印
聖謨

6

項聖
謨印

7

項聖謨

8

項聖謨

9

項聖謨

10

聖謨

11

項氏孔彰

12

伯子孔彰

13

孔彰珍玩

14

孔彰珍玩

15

孔彰父

16

孔彰

17

孔彰

18

項氏孔彰

19

孔彰父

20

孔彰父

21

項孔彰

22

項易庵

23

易庵居士

24

易庵居士

25

易庵

26

項伯子作

27

號易庵父大西

28

胥山樵項伯子

29

項伯子

聖謨之印

30

項

31

兎烏叟

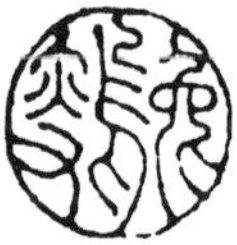

32

狂吟客

33

存存居士

34

項聖謨詩畫

35

項聖謨翰墨記

36

項聖謨書畫印

37

項孔彰留眞迹與人間垂千古

38

項氏孔彰心賞祕印

39

易庵圖書

40

携李項伯子聊以自娛

41

天籟閣中文孫

42

橐之五十九世孫

43

勝國文獻

44

桃花源裏人家

45

留眞迹與人間垂千古

46

惜分陰

47

友竹

48

所作必思古人

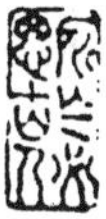

50

未嘗別具手眼

49

榕窗

51

別有天地

52

癡子業

53

醉風人詩畫

54

山川之靈

55

神而明之存乎其人

56

考古証今

57

半瓠

58

眞樂

59

彬彬在野

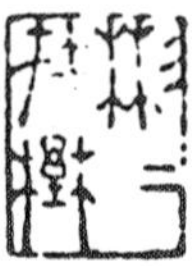

前面已說過，收藏印是書畫眞僞的徵信物。所以做僞者乃僞造了項氏的收藏印鈐在僞蹟上，企圖蒙騙謀利，單在「故宮書畫錄」中就查出了六件作品上鈐了項氏的僞印，項氏收藏印既是僞的，雖不能說這些作品都是假的，但對於原畫的價值，自然要減低了。

（附表Ac）「故宮書畫錄」中吟項氏僞印之畫蹟

1宋四家書卷：蘇軾、黃庭堅、米芾、蔡襄四家書：

據「故錄」，卷一頁一四四。此卷惟黃庭堅書翰一幅爲眞蹟，其他均僞，且均鈐項氏僞印。

2宋・馬遠，雪灘雙鷺軸：

據「故錄」，卷五頁九五。幅內項氏收藏印均僞。

3. 元・王蒙，東山草堂圖軸：

據「故錄」，卷五頁二一一。項氏印僞。

4. 元・王振鵬，龍池競渡圖卷：

據「故錄」，卷四頁一二一。項氏印僞。

5. 宋元人畫册（十幅）：

據「故錄」，卷六頁二三七。此册上款印均僞。

6. 宋元名人花鳥合璧册：

據「故錄」，卷六頁二三九。此册上的款印均疑僞。

7. 明唐寅採蓮圖文彭書採蓮曲項元汴畫小景卷：

參見附表Ca277。

此外梓溪在「從印章上鑑別古書畫」③一文中，提到民初有正書局石印端方藏「宋人手札」（題作宋元墨寶第一集）是僞蹟，印全是假的；因原蹟已流到日本，刋於「槐安居樂事」（一九六四年出版）。在這件僞蹟上有「項氏子京家珍藏」、「項氏墨林父秘笈之印」、「子京所藏」、「虛朗齋」、「檇李項氏士家寶玩」、「項元汴印」諸印，若與眞蹟核對，就很明顯的看出它們的不同了。除了以上所列項氏僞印外，當然還有其他，希望以後另作調查。

第二節　項氏收藏編目的方法

前代收藏家或研究書畫者，在看過或收藏過的書畫後，往往寫成紀錄，或編爲專書，對後人的鑒定提供了很好的參考材料。收藏著錄大體上可分兩類；一個是個人的收藏目，二是各朝內府的收藏著錄。在唐代有張彥遠的「歷代名畫記」、「法書要錄」十卷；韋續纂「墨藪」二十一卷；裴孝源「貞觀公私畫史」一卷（實爲一簡單之著錄），朱景玄「唐朝名畫錄」，沙門彥悰「後畫錄」一卷，李嗣眞「續畫品錄」一卷；到了宋代則有郭若虛「圖畫見聞誌」六卷，鄧椿「畫繼」；宋代公藏目錄則有「宣和書譜」、「宣和畫譜」；遼、金、元三代沒有公藏書畫目，只有王惲所編簡單的「書畫目錄」（共收法書一四七件，畫八一件）和袁桷清容集中的「魯國大長公主圖畫記」（共收書畫四十一件）。④在元代除了以上兩種半官式的目錄以外，另有很多私人收藏家，如周密、趙孟頫、倪瓚、虞集、喬簣成、莊蓼塘、郭天錫等。他們的收藏大都見於式古堂書畫彙考（參見「式書、畫」序言之引用書）。除了周密的「雲烟過眼錄」以外，都沒有著錄書行世。有關元以前中國書畫收藏的研究，在姜一涵教授的「元內府之書畫收藏」（台北：一九八一年）及傅申先生的「元代皇室書畫收藏史略」（台北：一九八一年）中，均有詳細的討論。本文參考了他們所用研究方法。

整個明代沒有公藏書畫目，私人收藏並編印著錄者却漸多起來。當時比較有名的收藏家已在前面述及，這些收藏家之中有書畫著錄傳世的，或涉及書畫收藏的有1.都穆（一四五八—一五二五）；「寓意編」；2.華夏（約一四九八—一五四四進士），「華氏眞賞齋賦注」；3.朱存理（一四四四—一五一三），「鐵網珊瑚」；4.文嘉（一五〇一—一五八三）、「鈐山堂書畫記」（一五六九）一卷；5.「嚴氏書畫記」（嚴嵩收藏書畫目）；㈥詹景鳳（一五三二—一五七二），「詹氏玄覽編」；6.王世貞（一五二六—一五九〇），「弇州山人稿」一七六卷，及「弇州山人續稿」（一五七七）二〇七卷，（其中少部份有關書畫收藏）；7.董其昌（一五五四—一六三六），「畫禪室隨筆」十六卷及「容臺集」（一六三〇）；8.陳繼儒（一五五七—一六三九），「妮古錄」四卷；9.李日華（一五六五—一六三五），「六硯齋筆記」四卷；10.張丑（一五七七—一六四三），「清河書畫舫」（一六一六）；11.汪砢玉（一五八七—一六四五），「珊瑚網畫錄」（一六四三）二四卷。在明代二百七十六年的時間內，私人收藏家，其中收藏最富，且多精品的要算項氏家族⑤。可惜他們的收藏目錄沒有留下來，根據文獻資料記載項德新有「歷代名家書畫題跋」一書，但俞劍華說「此書似爲未定之稿」⑥，目前未見此書。

據翁同文教授的研究，以爲項元汴除了有一份總的收藏目錄以外，尚有一本應稱爲「千字文編號書畫目」的特別目錄⑦；但項元汴究竟怎樣編他的目錄？前後總共收藏了多少書畫？恐怕將永遠無法知道，現在只能把翻閱書冊時所見、著錄有項氏印章的作品，整理出一個條理來，我認爲項元汴確實曾有幾種收藏目錄，雖然沒有印出來，可是必有他一定的原則，根據現在傳世經項氏收藏過的作品來判斷，項氏收藏目錄可能有三種；㈠依千字文號編，到目前爲止所發現的最後的一個字是排在第九七五號的「廊」字⑧，但是這還不能證明項氏收藏作品的數目。不過有一點可以碼信，就是有「千文編號」者，大多數是卷或册頁，而且大多數有項元汴的題記和價格的記錄，所以才斷定有「千文編號」的是項氏收藏中比較貴重者（圖一八）；㈡千字文另附數字編號的，爲數不多，可能因這件作品是册頁或合件⑨；㈢數字編號，我發現項氏用數字編號時有兩個原則1有數字編號的都是法帖；2項氏用數字來表示收藏品重要性的排列。可能項氏爲了表示他的收藏品的價值，用數字編號來甲乙其等第，所以姜紹書批評他「復載其價于楮尾，以示後人，而與賈豎甲乙帳簿何異？」⑩。以下是我根據那老師所提供的史料，及個人翻閱書册、著錄所做的統計，分別列爲五類：

（附表Ba）千字文編號的書畫目

此表分五欄：第一欄的阿拉伯數字是表示現已發現的項元汴千文編號的數目。第二欄是千字文中的漢字。第三欄的阿拉伯數字，是指該漢字在千字文中之次第。第四欄爲項元汴藏品名稱。第五欄爲出處。從下表可以看出，項元汴之書畫收藏，以千字文編號的共發現了七十九件。又項元汴在收藏過程中若確曾按千字文的順序編目，那麼項元汴的書畫收藏到目錄編造完成時，最少共有九十五件。而且這只是項元汴收藏中的一部份；因爲項氏還採用了其他的編目方法。

1黃字4宋趙孟堅水仙卷（金梁盛京故宮書畫錄卷二頁四五：一九一三年）。

2. 閏字25宋燕肅春山圖卷（「石初」㊤頁五五六）。

3. 豈字157元倪瓚虞山林壑圖（「墨緣」卷三頁一五八）。（圖一九）

4. 才字167晉王羲之平安何如奉橘三帖卷（「故錄」卷一頁一；「石初」㊦頁九三二）。（圖二〇）

5. 良字168晉王羲之瞻近帖（「石續」㈠頁二八〇）。

6. 長字184宋司光通鑑稾一卷（「石初」㊦頁八九一）。

7. 染字196元倪瓚竹枝圖卷（「墨緣」卷三頁一五九）。

8. 詩字197宋文天祥上宏齋帖（「墨緣」卷二頁六三；「式書」卷十五㈡頁七〇）。

9. 是字239宋趙士雷卷（「石續」㈠頁三〇三）。

10. 溫字263北宋巨然江山晚興圖（「墨緣」卷四頁一九一）。

11. 甚字302元俞紫芝臨十七帖（「江邨」卷一頁五八；「式書」卷十九㈡頁二一五；「墨緣」卷二頁八五）。

12. 志字395元高翼書通書冊（「石初」㊤頁四七四；「故緣」卷三頁五二）。

13. 意字399元陸居仁張樞倡和詩卷（「墨緣」卷二頁八七）。

14. 舍字442明祝允明續書譜卷（「石初」㊤頁三五八）。

15. 廣字467明文徵明眞賞齋圖卷（「墨緣」卷三頁一八三）。

16. 達字470宋徐鉉篆書千文卷（「石三」㈢頁一三七四）。

17. 集字474元龔璛敎授帖（「墨緣」卷二頁八一，此帖末又有「甲二編號」，據翁同文教授：此「甲二編號」是項元汴孫輩項廷謨所加的。參見「項元汴千文編號書畫目考」頁一六五）。
18. 墳字475明沈周佳果圖（「書畫鑑影」卷六頁十六）。
19. 典字476宋高宗臨黃庭經卷（「秘初」頁一七三）。
20. 亦字477明馬文璧幽居圖卷（「石續」㈠頁三七九）。
21. 聚字478元趙肅書母衞宜人墓志卷（「石續」㈣頁一九七〇；「故錄」卷一頁八七）。
22. 槀字482元王蒙秋林萬壑圖軸（「石初」(上)頁六四五）。
23. 漆字485唐馮承素摹蘭亭帖（「石續」㈢頁一六五五）。（參見圖一三）
24. 書字486元趙孟頫書心經清淨經趙由宸書金剛經合卷（「秘初」頁二〇八）。
25. 府字489元趙孟頫尺牘册（「石續」㈥頁四八九）。
26. 亭字624元王振鵬龍舟圖卷（在「故錄」未記載，林柏亭先生發現的）。
27. 門字626元趙孟頫二羊圖（「石續」㈢頁一五六七）。
28. 塞字628元潘牧和陳惟寅詩帖卷（「墨緣」卷二頁九一）。
29. 昆字633宋趙士雷畫湘鄉小景卷（「石續」㈠頁三〇三）。
30. 治字649宋燕文貴秋山蕭寺圖（「石續」㈤頁二六七〇）。
31. 於字651宋游昭春社醉歸圖（辛丑」卷二頁二三）。

32.藝字662宋高宗書馬和之畫唐風圖卷（石續」㈣頁二〇三一）。

33.軻字674宋巖叟畫梅花卷（「石續」㈣頁一九二五）。（圖二一）

34.敦字675元人然燈佛授記文圖卷（「秘續」頁一二七）。

35.秉字679元黃公望溪山雨意圖卷（「墨緣」卷三頁一四八）。

36.直字680元人君子林圖卷（「石初」㊦頁一二一四）。

37.庶字681明仇英獨樂園圖卷（「八代展覽目錄」，一六六）。

38.聆字689明仇英臨宋元六景册（「石續」㈠頁四〇九；「故錄」卷六頁四四）。

39.貽字697元錢選梨花圖卷（「墨緣」卷三頁一四四）。

40.其字702元趙孟頫鵲華秋色圖卷（「故錄」卷四頁一〇五；「石初」㊦頁九九八）。

41.祇字703元錢選山居圖卷（「石續」㈥頁三二〇一）。

42.譏字707金武元直赤壁圖卷（「石續」㈠頁三〇九；「故錄」卷四頁一〇〇）。（圖二三）

43.寵存709元趙孟頫書蘇軾烟江疊嶂圖詩沈周文徵明補圖（「石續」㈡五四六）。

44.殆字713明文徵明袁安臥雪圖卷（「辛丑」卷五頁三七；「墨緣」卷三頁一七二；「江邨」卷三頁五六）。

45.近字715元王蒙太白山圖卷（「石初」㊦頁一〇〇九）。

46.恥字716宋李公麟洗象圖卷（「石初」㊤頁一〇七）。

47. 幸字 719 明沈周書韓愈畫記卷（「石續」㈡頁一〇二八）。
48. 索字 729 元趙孟頫甕牖圖卷（「石初」(下)頁一〇〇五）。
49. 廬字 742 明仇英漢宮春曉卷（「故錄」卷四頁一八三）。（參見圖一六）
50. 歡字 751 宋馬和之柳溪春舫圖軸（「故錄」卷五頁七三）。
51. 荷字 754 晉王羲之臨魏鍾繇古千文卷（「墨緣」卷一頁五）。
52. 的字 755 宋洪咨夔道場詩幷札卷（「式書」卷十五㈡五一）。
53. 園字 757 宋蘇軾西山詩帖卷（「石續」㈥頁三一七三）。
54. 抽字 759 宋蘇軾陽羨帖卷（「石續」㈠頁二九四）。
55. 枇字 761 宋黃庭堅臨王羲之禊序（「墨緣」卷二頁一二一）。
56. 杷字 762 宋張浚早上封示帖（「式書」卷十四㈡頁三一一）。
57. 凋字 768 元趙孟頫歸自吳門帖（「墨緣」卷二頁七三）。
58. 飆字 776 宋蔡襄尺牘㈡（宋四家集册之九「石初」(下)頁七一〇；「故錄」卷三）（參見圖一八A）。
59. 颻字 778 宋范純粹尺牘（宋人法書第一册第二〇幅。「故宮歷代法書全集」第二册頁一一四）。
60. 獨字 779 宋米芾苕溪詩帖（「石初」(上)頁五三二）。
61. 讀字 786 宋黃庭堅雲夫七弟尺牘（宋四家墨寶第七幅。「故宮歷代法書全集」第十一册頁一八；「故錄」卷三；「石續」；「墨緣」卷一頁三三）

62.畏字796宋李建中土母帖（「墨緣」卷一頁一六；「故錄」卷三頁一五四；「故宮歷代法書全集」第十一册頁九二）。

63.屬字797蘇軾次韻三舍人省上詩卷（宋四家法書之一。「故宮歷代法書全集」第二册頁三八；「故錄」卷一；「石續」）。

64.具字801宋蘇軾尺牘軸（「故錄」卷二頁一）。

65.飯字804宋太宗書蔡行勅卷（「石初」(下)頁八八一）。

66.飢字813唐僧懷素書老子清淨經卷（「秘初」頁一七二）。

67.厭字814宋黃庭堅糟薑銀杏帖（宋四家墨寶第一〇幅。「故宮歷代法書全集」第十一册頁一八；「故錄」卷三；「石續」；「墨緣」卷一頁三三）。

68.親字817宋元寶翰册（「石初」(下)頁七一〇）。

69.御字826宋張卽之書李衎墓誌銘卷（「石三」(四)頁一五一三；「故錄」卷一頁七二）。

70.潔字836宋趙孟堅自書梅竹三詩卷（「石續」(四)頁一九三六）。

71.晝字841元虞集書虞允文誅蚊賦卷（「石三」(四)頁一六〇〇）。

72.象字847五代黃筌柳塘聚禽圖卷（「石續」(五)頁二六四四）。

73.嫡字865元趙孟頫雜書一卷（「石初」(下)頁九一九）。

74.嗣字867元俞和雜詩卷（「墨緣」卷二頁八四）。

75. 惶字880 元趙孟頫書蘇東坡道場何山詩（「墨緣」卷二頁七一）。
76. 牒字882 元趙孟頫書心經冊（「秘初」頁四八）。
77. 超字903 元饒介書韓愈柳宗元文卷（「石續」㈥頁三三三九）。
78. 妙字936 元趙孟頫田賦卷（「石初」㊤頁三五四）。
79. 廊字975 明王寵草書自作雜詩卷（「墨緣」卷二頁一〇一）

（附表Bb）千字文另附數字編號的書畫目

1. 宇字二十號、宋趙孟堅畫墨蘭（「石三」㈡頁九六九）。
2. 盛字第貳號　元趙孟籲畫水仙卷（「石續」㈠頁三四六）。
3. 珍字參號　明唐寅畫終南十景吳奕書冊（「石初」㊦頁七六五；「故錄」卷六頁四二）。

（附表Bc）千字文以外的字編號書畫目

1. 璇字　明王寵書離騷并太史公贊卷（「式書」卷二六㈡頁四三二）。
2. 押字　宋李嵩錢塘觀潮圖卷（「石初」㊤頁五八九）。
3. 叉字　宋錢選宮姬戲嬰圖并題（「式畫」卷十七㈣頁一六八；「江邨」卷三頁三二）。
4. 飫字　晉王羲之此事帖（「式書」卷六㈠頁二八八）。

5.甲二字　元龔璛教授帖（「墨緣」卷二頁八一）。

6.甲三字　元戴表元動靜帖（「墨緣」卷二頁八一）。

7.縣字　元錢選梨花斑鳩卷（參見附表Cb127）。

（附表Bd）數字編號的法書目

1.一字　宋蘇舜欽南浦詩帖（「式書」卷九㈠頁四二一）。

2.二字　宋洪咨夔抱病帖（「墨緣」卷二頁六〇）。

3.二字　元趙孟頫德俊茂才帖（「墨緣」卷二頁七一）。

4.三字　元趙孟頫進之帖（「墨緣」卷二頁七一）。

5.三字　宋唐垌征局冗坐帖（「式書」卷十二㈠頁五五九；「故宮歷代法書全集」第十二冊頁一一八）。

6.三字　宋錢勰先起居帖（「墨緣」卷一頁四四；「故宮歷代法書全集」第十一冊頁一〇二）。

7.四字　宋謝諤垂紡帖（「墨緣」卷二頁五八）。

8.四字　宋謝諤傾耳剴切帖（「式書」卷十四㈡頁三八）。

9.四字　宋趙抃山藥帖（宋人法書帖之一。「故錄」卷三；「石續」；「故宮歷代法書全集」第十二冊頁九四「式書」卷十一㈠頁五五四）。

10.五字　宋朱熹賜書帖（「式書」卷十四㈡頁四五；「墨緣」卷二頁五八）。

11.五字　宋杜良臣勤顧帖（「式書」卷十五㈡頁六五；「墨緣」卷二頁六三）。

12. 十一字　明王寵與五嶽札（「式書」卷二六㈡頁四二九）。

13. 十二字　宋吳說遊絲敍慰帖（「墨緣」卷二頁五二）。

14. 十八字　宋汪藻致嘉謨通判朝奉尺牘（宋賢書翰之一。「故宮歷代法書全集」第一二册頁二八）

15. 三十字　宋陸游尺牘（宋諸名家墨寶之一。「故宮歷代法書全集」第十一册頁一五六；「故錄」卷三；「石初」）。

（附表Be）編號重複的書畫目

1. 讀字　宋黃庭堅竭力田園帖（「式書」卷十一㈠頁五二五）。
2. 讀字　宋黃庭堅雲夫帖（「墨緣」卷一頁三三）。
3. 凋字　元趙孟頫與中峰十一帖（「式書」卷十六㈡頁一一四）。
4. 凋字　元趙孟頫歸自吳門帖（「墨緣」卷二頁七三）。
5. 嘉字　元張渥（貞期）爲楊竹西作草亭圖卷（「石初」㊤頁五九三；「式畫」卷十九㈣頁二三三）。
6. 嘉字　元王蒙仙居圖卷（「石初」㊤頁五九三）。

至於數字編號重複的，如附表Bd中2、3.（均爲「二」字編號）；4.、5.、6.（均爲「三」字編號）；7.、8.、9.（均爲「四」字編號）；10.、11.（均爲「五」字編號）。爲什麼項氏用重複編號，也沒有一定的原則：不過好像也有些線索可循：即㈠屬於同一時代的。㈡屬於同一個作者的。再不然就是僞作了。總之，項氏的編號可能沒有固定的法則，方法也不夠科學化。所以無法清理出頭緒來。

第三節　項氏所收藏書畫之調查

曾經過項氏收藏的書畫究竟有多少，就算在當時也難知道明確的數目，因爲項元汴是一個古董商人，一面收進，又一面賣出。在他經營收藏買賣生意的四十五年間，從他手中流過的書畫可能有數千，事隔四百五十多年（項元汴於十六歲一五四〇年開始收藏，迄今已四百餘年），已不可能做精確的統計，現在我只能根據有限的史料，從以下三方面，作成這一調查表，這三方面是：㈠著錄、㈡書畫册、㈢平日閱讀所見。

現在我把它分：㈠法書、㈡名畫、㈢合卷、㈣墨搨。分別依時序列在下邊，現在傳世的畫據高居翰、E.J.Laing 黃君實、方聞、鈴木敬、陳仁濤等所編工具書及展覽目錄⑪。盡量注明現在的收藏者，並注出所根據的書籍。著錄方面是根據了石渠寶笈等，現爲了避免抄寫時的重複，先把常引用的幾種書和博物館給予簡稱並列於下：

甲、引用書簡稱

〔石初〕　石渠寶笈初編

〔石續〕　石渠寶笈續編

〔石三〕　石渠寶笈三編

〔秘初〕　秘殿珠林初編

〔秘續〕　秘殿珠林續編

〔秘三〕　秘殿珠林三編

〔墨緣〕　墨緣彙觀

〔故錄〕　故宮書畫錄

〔式書〕　式古堂書彙考

〔式畫〕　式古堂畫彙考

〔清河〕　清河書畫舫

〔江邨〕　高士奇（一六四五—一七〇四），江邨銷夏錄（一六九三）。

〔辛丑〕　吳榮光（一七七三—一八四三），辛丑銷夏記（一八四一）。

〔徐錄〕　徐邦達，中國古代繪畫史圖錄(上)：一九八一，上海人民出版社。

〔八代藝展目〕　Eight Dynasties of Chinese Painting, 1980。

〔顧洛書〕　Masterpieces of Sung and Yuan Dynasty Calligraphy from the John M. Crawford Jr. Collection。

〔淪陷〕　許仁圖，淪陷中國大陸的名畫：一九七七，河洛。

乙、博物館簡稱

〔故宮〕台北故宮博物院

〔平宮〕北平故宮博物院

〔東博〕大陸東北博物院（據陳仁濤目錄）。

〔社會〕大陸國內社會文化事業管理局（據陳仁濤目錄）。

〔遼寧〕遼寧省博物館⑫

〔上海〕上海博物館

〔東京〕日本國立東京博物館

〔大阪〕大阪市立美術館

〔奈爾〕奈爾遜博物館（William Rockhill Nelson Gallery of Art and Atkins Museum of Fine Arts : Kansas City）。

〔弗利〕弗利爾美術館（Freer Gallery of Art, Washington, D.C.）。

〔大都〕大都會博物館（The Matropolitan Museum of Art: New York）。

〔克里〕克里夫蘭博物館（The Cleveland Museum of Akt; Cleveland）。

〔印第〕印第安那普利斯博物館（Indianapolis Museum of Art: Indianapolis）。

〔辛辛〕辛辛那提博物館（The Cincinnati Art Museum: Cincinnati）。

〔福格〕福格藝術博物館（The William Hayes Fogg Art Museum' Havard University

Cambridge）。

〔普林〕 普林斯頓大學美術館（The Art Museum, Princeton University: Princeton）。

〔安特略〕 The Royal Ontario Museum of Archaeology: Toronto, Canada）。

〔大英〕 British Museum.

〔芝加哥〕 The Art Institute of Chicago: Chicago, Illinois.

（附表Ca）法書

甲、晉

1.王羲之，平安、何如、奉橘三帖卷：今藏〔故宮〕。（參見圖二〇）

見〔故錄〕，卷一頁一—二；「石初」(下)，頁九三二。

據〔故錄〕此卷上有項元汴「才」字編號。又見張覲宸記語。

2.王羲之，遠宦帖卷：今藏〔故宮〕。

見〔故錄〕，卷一頁五；〔墨緣〕，卷一頁四。此卷上有項元汴印。又有「宣和」、「賈似道」、金內府印。

3.王羲之，七月、都下二帖卷：今藏〔故宮〕。

見〔故錄〕，卷一頁三；〔石續〕(三)，頁一四八九。此卷上有項元汴印。據〔故錄〕有安岐之印，但是〔墨緣〕未錄此卷。

4.王羲之，瞻近帖卷：

見〔石續〕㈠，頁二七九—二八〇。此卷項元汴印三十方，有「良」字編號及項元汴記，其值二千金。據張覲宸記語，此卷經過項玄度收藏。據〔石續〕編者按：歐陽玄、孫蕡，定以爲金秘府物，不獨宣和書譜未收也。董其昌「疑爲譜成後所得，且標籤爲瘦金書，不知宣和標目例，法書用墨，名畫用泥金，此金書未必定出徽宗。歐陽玄去宋金俱未遠，差可據也。」此蹟又見「文嘉嚴氏書畫記」；汪砢「珊瑚網」；卞永譽「式古堂書畫彙考」。

5.王羲之，臨鍾繇古千文卷：

見〔石續〕㈤，頁二六〇三—二六〇六；〔墨緣〕，卷一頁五。據〔墨緣〕知卷上有項氏「苟」字編號。

6.王羲之，此事帖：

〔式書〕，卷六㈠頁二八八。卷上有項元汴印，「飫」字編號，記識年月、定價（據〔式書〕：「墨林主人項元汴用價五十金得於無錫安氏，時隆慶三年（一五六九）八月朔日」，「子京定價三百金」）。

7.王羲之，官奴帖：

據〔清河〕，卷丑頁二四：「王逸少官奴帖，眞跡今在檇李項氏」。

8.王羲之，行穰帖：今藏（普京）。

據（清河），卷丑頁十四。此帖經項子京家收藏。

9.王右軍，千字文卷：

據（江邨），卷一頁二。此卷上有項元汴諸印。又有宣和，晉國奎章，楊士奇印。

10.索靖，出師頌：

見（清河），卷子頁二五；董其昌「畫禪室隨筆」，卷二頁五七。（據「畫禪室隨筆」：「索靖出師頌耶，此本在檇李項子京家，故是甲觀」。）

乙、唐

11.李白，上陽臺書卷：今在大陸。（圖二四）

影本見「李白集校注」（上海：古籍出版社）。據（石初）(上)，頁五一九。上有項元汴印四十餘方，前有徽宗題「唐李太白上陽台」籤。又有歐陽玄印與題記。

12.李郢，自書詩草卷（全唐詩載）：

據（石續）(六)，頁三一五九。上有項元汴印。又據（墨緣），卷一頁十二：「必是墨林晚年所購」。

又有宋內府睿思殿印，柯九思印。

13.吳彩鸞，書唐韻册：今藏（故宮）。

見（故錄），卷三頁五；（石初）。據（故宮）共三十八幅，每幅都有項元汴印。在後副葉有項元汴跋，此跋文中有年月（一五八二）。又有宋內府收藏印。

14.吳彩鸞，楷書四聲韻帖：

據（式書），卷八㈠頁三九六，云：「宋徽廟秘府收藏，唐女仙吳彩鸞小楷書唐韻一部」。又有記載項元汴印與標明價格的項氏題識。

15.吳彩鸞，小楷切韻：今藏（平宮）。

據（清河），卷辰頁二〇：「項氏寶藏，吳彩鸞正書唐韻全部，原係鮮于伯幾故物後爲陸太宰全卿所購，名跡也。」

16.杜牧，書張好好詩卷：藏大陸張伯駒。

據（石初）(上)，頁五二五・有項元汴印。

17.唐玄宗（明皇），賜毛應佺知恤詔卷（行楷書）：今藏（社會）。

據（石初）(下)，頁九三二。上有項元汴記語。又有張雨，文徵明跋。

18.柳公權，小楷度人經卷：

據（墨緣），卷一頁十一。有項元汴印。又有宣和印。

19.孫過庭，書千字文第五本：

見（石續）㈡，頁九一二；（式書），卷七㈠三四八）。據（石續）有項元汴印十六方。

20.陸柬之，陸司議書蘭亭詩卷：

據〈式書〉，卷七㈠頁三三四。有項元汴印。

21.馮承素，摹蘭亭帖（蘭亭八柱帖）卷：今在大陸（參見圖一四）。

據〈石續〉㈢，頁一六五三—一六五五。上有項元汴印章與記語，並中有「漆」字編號，記語年月為一五七七，標明價格。又見文嘉一五七七題跋。

22.褚遂良，模王右軍蘭亭序卷：今在大陸。

見〈石續〉㈢，頁一六五〇—一六五二；〈式書〉，卷五㈠頁二三一；〈墨緣〉，卷四頁八。有項元汴印。又有米芾之印。又有項聖謨，項德達之印。

23.褚遂良，臨王獻之飛鳥帖卷：今在台北〈故宮〉（圖二五）。

據〈故錄〉，卷一頁九。有項元汴印。柯九思、王守誠跋。

24.歐陽詢，夢奠帖卷：今藏〈東北〉。

見〈石三〉㈡，頁四六九；〈清河〉，寅集頁二一。據〈石三〉此卷有項元汴印四九方。

25.歐陽詢書千文卷：今藏〈東北〉。

見〈石初〉(上)，頁五一八、又見式古堂印。據〈石初〉此卷上有項元汴印三十方。

26.顏眞卿，劉中使帖：今藏〈故宮〉（圖二六）。

見「故宮歷代法書全集」第九冊頁四八—四九。有項元汴印。鮮于樞、文徵明、黃其昌等人跋。

27.顏眞卿，湖州帖：

據〈墨緣〉，卷一頁一〇・此帖上有項元汴印。

28.顏眞卿，書朱巨川誥身蹟卷：今藏〈故宮〉。

據〈石續〉㈡，頁九一四。上有十九方項元汴印。有標明價格的記語，但是原蹟不清楚：「其值□□金」。

29.顏眞卿，祭伯父豪刺史文稿：

據「江邨」，卷二頁五—八。此幅上有項元汴印。又見李應禎印，李日華印。

30.懷素，自敍帖卷：今藏〈故宮〉。（參見圖一三）

見〈故錄〉，卷一頁二七；〈石續〉㈤，頁二六二五；〈墨緣〉，卷一頁一二。據〈石續〉，此卷上有項元汴六十餘方印與標明價格記語。又見「鐵網珊瑚」，「法書名畫見聞表」，「畫禪室隨筆」，〈式書〉，「江邨銷夏錄」，「清河書畫舫」。

31.懷素，書老子清靜經卷：

據〈秘初〉，頁一七二。卷上有項元汴印一〇八方，並有「儀」字編號。又見文彭一五五九年的跋文。

32.懷素，論書帖卷：今藏「遼寧」（圖二七）。

見〈石初〉㊤，頁五一八—五二〇；〈墨緣〉，卷一頁一三；「江邨」，卷三頁八。據〈石初〉此卷上有三十八方項元汴印與篆書記語：「宋徽宗御書金籤……眞蹟」。又有宣和，紹興，御書印。有趙孟頫跋（記識年月是一三一八年十月二十三日）。有項篤壽印。

33.懷素，千文卷：

據梁章鉅（一七七五—一八四九），「退菴所藏金石書畫跋」，卷八頁二四。「項元汴臨懷素千文」卷自跋云：「時大歷戊申歲（一五四八）七月二十二日沙門懷素字藏眞書，明萬曆癸未（一五八三）夏日山人墨林手臨」。

34.懷素，苦筍帖卷：現在東京書道博物館。

據（墨緣），卷一頁一三。「清河」卷卯頁五九（標題爲「苦笋帖」）此卷上有項元汴印與行書跋。又有宣和、紹興等兩宋內府印。後有米友仁、乾隆題跋。台北學海出版社有影印本。編者稱：原件陷上海。著錄於妮古錄、書畫記、平生壯觀、書畫鑑影等。

35.懷素，食魚帖：今藏靑島市博物館

見「中國文物」，第三期頁二一—三（北京：一九八〇）

丙、五　代

36.楊凝式，夏熱帖卷：

據（石初）(上)，頁五二五。卷上有五十八方項元汴印。又有鮮于樞跋趙孟頫印，趙並跋於一三一六年十一月十三日。

37.楊凝式，韮花帖卷：

見「石初」(上)，頁三四九—三五〇；「江邨」，卷三頁九。據（石初）此卷上有項元汴印。載宣和書譜。有趙孟頫印。元奎章閣舊畜。又有陳繼儒跋。

丁、宋

38.王安石，楞嚴經要旨：

見（式書），卷十二㈠頁五五八；「墨緣」，卷一頁二二。影本見「藝苑掇英」（上海：一九八二）第十五期頁四〇—四二。據（式書）此幅有項元汴題跋標明價格。又有趙孟頫印與王蒙題識。

39.王著，書千文眞蹟卷：

見（石續）㈤，頁二六五五；（墨緣），卷一頁一五。據（石續）此幅上有項元汴四十餘方印與跋，此跋文中有標明價格。

40.王逸老，千文册：

見吳榮光，「辛丑銷夏記」（以下簡稱（辛丑））卷二頁二七—二九。有項元汴印。

41.王藻，嘉謨通判帖：

據（墨緣），卷二頁五四。有項元汴印。

42.王覿，平江帖：

據（墨緣），卷一頁四二。有項元汴印。

43.宋太宗，書蔡行勅卷：今藏（東博）。

據〈石初〉(下)，頁八八〇。此幅上有六十六方項元汴印與記語（一五六二）。記語中有「飯」字編號。

44.宋太宗，恤獄詔：

據〈式書〉，卷九㈠頁四〇三。謂「項氏故物」。

45.文天祥，瑞陽帖：

據〈式書〉，卷十五㈡頁七〇。帖上有項元汴印並有「詩」字編號。又見〈墨緣〉，卷二頁六三。

46.文天祥，上宏齋帖：

據〈墨緣〉，卷二頁六三。此帖上有項元汴印並有「詩」字編號。

47.石延年，古松詩：

據〈式書〉，卷九㈠頁四一九。此卷上有項元汴記識。記語中說項元汴一五五六年裝裱此卷，也標明價格。

48.米芾，蜀素帖卷：現藏〈故宮〉。（圖二八）

見〈故錄〉卷一頁五五；〈石續〉㈢，頁一五一九。據〈石續〉此卷上有項元汴十五方印。

49.米芾，書易義卷；

見〈石初〉(下)，頁九〇四；〈式書〉，卷一一㈠頁五二八；〈江邨〉，卷二頁一八。有項元汴印。

50.米芾，苕溪詩卷：

據（石初）(上)，頁五三一。卷上有項元汴六十八方印與記語，有「獨」字編號，也有裝池年月（一五六四年）。有紹興及睿思殿圖印。又有米友仁，李東陽一五一六年題跋。

51.米芾，臨帖卷：

據（石初）(上)，頁三六五。卷上有項元汴印。有趙孟頫一三一五年跋。有文彭及董其昌印。

52.米芾，眞蹟三帖卷：

據（石續）(六)，頁三一七九。有項元汴跋與印。

53.米芾，詩牘册：

據（石續）(二)，頁九四七。此册上有十四方項元汴印。

54.米芾，寒光二帖：

據（墨緣），卷一頁四〇。此帖上有項元汴印。

55.米芾，提刑殿院帖：

據（墨緣），卷一頁三九。此帖上有項元汴印。

56.米芾，二帖卷：

據（墨緣），卷一頁三七。卷上有項元汴印。

57.米芾，府公帖卷：

據（墨緣），卷一頁三七。有項元汴印，又有米芾題。

58.米芾，書諸體詩卷：
據（江邨），卷一頁一四。上有項元汴印。

59.米友仁，贈蔣仲友畫并題卷：
據（式書），卷一三㈡頁二二。稱此卷是「項氏物」。

60.司馬光，通鑑稾卷：今藏香港譚氏。
據（石初）㈦，頁八九一。上有項元汴五十餘方印與「長」字編號。

61.朱熹，自書讀道書有感詩卷：今藏（東博）。
據（石續）㈠，頁三一二。上有九方項元汴印。

62.朱熹，賜書帖：
據（式書），卷一四㈡頁四五。上有九方項元汴印與「五」字編號。又見（墨緣），卷二頁五八。

63.朱敦儒，塵勞帖：
據（墨緣），卷二頁五五。上有項元汴諸印。

64.李建中，土母帖：
據（式書），卷九㈠頁四一二。上有項元汴諸印與「畏」字編號。又見（墨緣），卷一頁一六。

65.杜良臣，勤顧帖：
據（式書），卷一五㈡頁六五。上有項元汴印與「五」字編號。又見（墨緣），卷二頁六二。

66.何桌，郎辰六月帖：

據〈式書〉，卷一二㈠頁五七〇。上有項元汴印。

67.沈溝屯，田君帖：

據〈墨緣〉，卷一頁一八。上有項元汴印。

68.范純仁，軒馭帖：

據〈墨緣〉，卷一頁一七。上有項元汴印。

69.范純粹，故人帖：

據〈墨緣〉卷一頁一八。上有項元汴印。

70.胡安國，稍疎奉問帖：

據〈墨緣〉，卷二頁五。稱「經項氏收藏」。

71.洪咨夔，抱病帖：

據〈墨緣〉，卷二頁六〇。上有項元汴印與「二」字編號。

72.洪咨夔，道場詩幷札卷：

據〈式書〉，卷一五㈡頁五一。上有項元汴諸印與「的」字編號。

73.呂大防，私門帖：

據〈式書〉，卷一二㈠頁五五九。上有項元汴印。

74.呂大防，台慈帖：
據〈墨緣〉，卷一頁二四。上有項元汴印。
75.呂大防，示問帖：
據〈墨緣〉，卷一頁二四。上有項元汴印。
76.呂公弼，子安帖：
據〈墨緣〉，卷一頁二三。上有項元汴印。
77.呂嘉問，進職帖：
據〈墨緣〉，卷一頁四一。上有項元汴印。
78.吳說，二事帖：
據〈墨緣〉，卷二頁五二。稱此帖「經項氏收藏」。
79.吳說，敍慰帖：
據〈墨緣〉；卷二頁五二。二有項氏印與「十二」字編號。
80吳琚，急足帖：
據〈式書〉，卷一四㈡頁四六。上有項元汴印。
81.林希，奉見風範帖：
據〈式書〉，卷一二㈠頁五六五。上有項氏印。又見〈墨緣〉，卷一頁四二。

82.邵餗，到京帖：

據〔式書〕，卷十二㈠頁五六九；〔墨緣〕，卷一頁四六。上有項氏諸印。

83.岳珂，自書玉楮詩藁冊：

據〔石三〕㈢，頁五〇二。上有項元汴印。

84.范成大，垂誨帖：

據〔墨緣〕，卷二頁五七。此帖經項墨林收藏。

85.（宋）度宗，手勅卷：今藏〔社會〕。

據〔石三〕㈢，頁一三七二。上有項元汴印與文彭跋（一五五八年）。又有項元度、項德宏印。

86.胡舜臣，蔡京送郝玄明使秦書畫合卷：現藏「大阪」。

據〔辛丑〕，卷二頁二一—二二。此卷上有項元汴印。蔡京自書送郝玄明詩，甚精。

87.徐鉉，篆書千文：

據〔石三〕㈢，頁一三七四。上有項元汴印與〔達〕字編號。

88.唐坰，珍翰帖

據〔墨緣〕，卷一頁二四。上有項氏印。

89.唐坰，征局冗坐帖：今藏「故宮」

據〔式書〕，卷一二㈠頁五五九。上有項氏印與「三」字編號。圖見於「歷代法書全集」，第十二冊頁一一八。

90（宋）高宗，賜岳飛批答卷：今爲林柏壽藏。

據〔石三〕㈠，頁四七八。有項元汴印與記語（一五六二），並有「伊」字編號。

91（宋）高宗，臨黃庭經卷：

據〔秘初〕，頁一七三。上有七十六方項元汴印與「典」字編號。又有趙孟頫印。

92（宋）高宗，書馬和之畫唐風圖卷：今藏「社會」。

據〔石續〕㈣，頁二〇三一—二〇三二。有四十餘方項元汴印與「執」字編號。又有項聖謨、項元度印。

93（宋）高宗，書馬和之畫豳風圖卷：

據〔石續〕㈣，頁二〇三五。有項元汴印。項篤壽印、項竑之印、項德枌印。又有董其昌跋：「此檇李項氏家藏：己未（一六一九）九月」。

94（宋）高宗，書馬和之畫周頌清廟之什圖卷：

據〔石續〕㈣，頁二〇四二。此卷有四十方項元汴印。

95（宋）高宗，書周頌閔予小子之什馬和之繪圖卷：

據〔石續〕㈣，頁二〇四四。此卷有二十餘方項元汴印。

96宋理宗行書西湖雪齋詩扇：今藏顧洛阜。

據〈顧洛書〉頁四七。此卷上有項元汴印五方。

97.張卽之，書遺志覺上人金剛經并跋：

據〈式書〉，卷十五㈡頁五八。上有項元汴跋：「弟子項元汴焚香捧持於天籟閣，萬曆二年（一五七四）孟秋朔得於吳趨陸氏」。

98.孫甫，虞候還帖：

據〈墨緣〉，卷一頁二四。有項氏印。

99.張浚，早上封示帖：

據〈式書〉，卷一四㈡頁三一。有項氏諸印與「杷」字編號。

100張卽之，書李衎墓誌銘卷：今藏〈故宮〉。

見〈故錄〉，卷一頁六九；〈石三〉㈣，頁一五一一。據〈石三〉，此卷有二十餘方項元汴印與「御」字編號。項元汴（一五五二）記識。

101.張卽之，書樓鑰汪氏報本庵記卷：

據〈石續〉㈤，頁二七二六。有十七方項元汴印與記語「其值□金」。又有文徵明印與題跋（一五九五）。

102.張卽之，爲母夫人書金剛經并跋：

據〈式書〉，卷一五㈡頁五八。引珊瑚網云：「此本爲項子長憲副（篤壽）所藏，與子京本紙墨筆法不爽毫髮」。知張氏曾書金剛經多本。

103.張卽之，書金剛經册：

見〈墨緣〉，卷二頁六一。據〈墨緣〉此册上有項元汴諸印與記語，記語中云卷得於吳趨陸氏。

104.張孝祥，歲晏苦寒帖：

據〈式書〉，卷一四㈡頁三三一。有項氏諸印。

105.張于湖，學富帖：

據〈式書〉，卷一四㈡頁三三一。有項氏印。

106.張孝祥，臨存帖：

據〈式書〉，卷一四㈡頁三三一。上有項氏諸印。

107.章惇，會稽奠候帖：

據〈式書〉，卷一二㈠頁五六四。上有項氏印。又見〈墨緣〉，卷一頁二五。

108.陳暘，陳晉之詩帖：

據〈式書〉，卷一二㈠頁五六六。上有項氏印。

109.陳暘，七言詩帖：

據〈墨緣〉，卷一頁四四。此卷曾經項氏收藏。

110 陳師錫，歲晏帖：

據〈式書〉卷一二㈠頁五六九。此帖有項氏印。又見墨緣，卷一頁四七。

111.陳洎，自書詩帖：今在大陸張伯駒藏。

據（石初）(下)，頁八九三。上有四十餘方項元汴印。

112. 黃庭堅，自書松風閣詩卷：今藏（故宮）。（圖二九）

見（故錄），卷一頁五一；（石續）(四)，頁一九一九；（墨緣），卷一頁三〇。據（石續）此卷上有三十餘方項元汴印。

113. 黃庭堅，論書卷：

據（石續）(五)，頁二六八三。上有二十餘方項元汴印。

114. 黃庭堅，書李白詩卷：今藏日本有鄰館。

據（石三）(三)，頁一四七。此卷上有項元汴印。

115. 黃庭堅，書釋典卷：

據（式書），卷二(一)頁五一三。上有項元汴題跋：「余晚生，多幸平生獲觀涪翁涪眞蹟巨卷……此卷今歸我天籟閣」。

116. 黃庭堅，竭力田園帖：

據（式書），卷一(一)頁五二五。上有項元汴諸印與「讀」字編號。

117. 黃庭堅，臨王羲之禊序：

據（墨緣），卷二頁一二一。此卷曾經項氏收藏，「批」字編號。

118. 黃庭堅，雲夫帖：

據（墨緣），卷一頁三三。此帖上有項氏諸印與「讀」字編號。

119. 黃庭堅，惟清道人帖：

據「墨緣」，卷一頁三四。卷上有項氏諸印。

120. 黃庭堅，草書淡道章卷：

據〈墨緣〉，程卷一頁三一，卷上有項氏諸印。

121. 黃庭堅，廉頗藺相如傳卷：今藏〈顧洛阜〉。

據〈墨緣〉，卷一頁三一；〈顧洛書〉，頁二九。有項元汴印七十二方。此卷曾經張大千收藏。

122. 黃庭堅，天民知命帖：

據〈墨緣〉，卷一頁三三。上有項子京季滄葦等印。

123. 黃庭堅，糟薑銀杏帖：

據〈墨緣〉，卷一頁三三。上有項氏印。

124. 曾鞏，局事多暇帖：

據〈墨緣〉，卷一頁四三。此卷經墨林收藏。

125. 曾鞏，造門帖：

據〈式書〉，卷一二(一)頁五五〇。此卷上有項氏印。

126. 曾肇，奉別帖：

據〈墨緣〉，卷一頁四三。此帖經項墨林收藏。

127. 曾覿，惠誨帖：

據〈式書〉，卷一四㈡頁三六。上有項氏印。

128. 葛長庚，足軒銘卷：

據〈墨緣〉，卷二頁六五。上有項墨林題識與項氏諸印。

129. 蒲宗孟，夏中帖：

據〈墨緣〉，卷一頁二四。此帖經項氏收藏。

130. 趙令畤，蒙餉梨栗帖：

據〈式書〉，卷一二㈠頁五七〇。上有項氏印而

131. 趙令畤，賜茶帖：

據〈墨緣〉，卷一頁四一。上有項氏印。

132. 趙抃，山藥帖：

據〈式書〉，卷一一㈠頁五五四。上有項氏印與「四」字編號。又見〈墨緣〉，卷一頁二二。

133. 趙孟堅，雜書四帖：

據〈石續〉㈣，頁一九五五。上有項元汴二十餘方印。又有項聖謨印五方。

134. 趙孟堅，行書梅竹三詩卷：今藏〈顧洛阜〉。

據〈石續〉㈣，頁一九三四—一九三七；「式書」，卷一五㈡頁六〇—六四；鐵網珊瑚，卷二頁九三三。項元汴印七十五方，項聖謨印四〇方與「潔」字編號。

135. 蔡襄，自書謝表並詩卷：今藏〈故宮〉

據〈故錄〉，卷一頁四五；「石初」㈦，頁八九七。又著錄於「墨緣」「式書」，後有鮮于樞、吳寬等題跋。

136. 蔡襄，洮河石硏銘卷：

據〈石三〉㈢，頁四八六—四八九。此卷有項元汴印。

137. 蔡襄，墨蹟卷：

據〈石三〉㈨，頁四一二六。此卷上有十九方項元汴印。

138. 蔡襄，八帖册：

據〈墨緣〉，卷一頁二〇：「此册錫山華氏所收有眞賞華夏二印，後歸項篤壽家。」。有項氏諸印。

139. 蔡襄，暑熱帖：

據〈墨緣〉，卷一頁十九。上有項子京印。

140. 蔡卞，雪意帖：

據〈式書〉，卷一二㈠頁五六九。此帖上有項氏印。

141. 蔡卞，四兄帖：

據〈墨緣〉，卷一頁四八。上有項元汴印。

142. 蒲宗孟，夏中蒲兵帖：

據〈式書〉，卷一二㈠頁五五九。此帖上有項氏印。

143. 劉正夫，又啟帖：

據〈式書〉，卷一二㈠頁五六五。上有項氏印。又見〈墨緣〉，卷一頁四五。

144. 蔣之奇，辱書帖：

據〈墨緣〉，卷一頁四二。上有項元汴印。又見〈式書〉，卷一二㈠頁五六四。

145. 蔣之奇，北客帖：

據〈式書〉，卷一二㈠頁五六四。上有項氏印。

146. 蔡脩，子通帖：

據〈墨緣〉，卷一頁四八。上有項子京印。

147. 錢公輔，別久帖：

據〈墨緣〉，卷一頁十八。上有項氏印。

148. 薛紹彭，作日帖：

據〈式書〉，卷一二㈠頁五六八。上有項氏印。又見〈墨緣〉，卷一頁四五。

149. 錢勰，先起居帖：今藏「故宮」

據〈墨緣〉，卷一頁四四。上有項氏印與「三」字編號。圖見於「故宮歷代法書全集」，第十一冊頁一〇二。

150. 謝諤，垂訪帖：

據〔墨緣〕，卷二頁五八。上有項氏印與「四」字編號。

151. 謝諤，傾耳剴切帖：

據〔式書〕，卷一四㈡頁三八。上有項氏印與「四」字編號。

152. 韓元吉，晴寒帖：

據〔墨緣〕，卷二頁五八。上有項氏印。

153. 韓彥質，良荷帖：

據〔墨緣〕，卷二頁五。上有項氏印。

154. 韓繹，瞻懷帖：

據〔墨緣〕，卷一頁二三。上有項氏印。

155. 韓縝，欽聞帖：

據〔墨緣〕，卷一頁二三。上有項氏印。

156. 韓絳，承師詩帖：

據〔式書〕，卷一二㈠頁五六〇。上有項氏印。又見「墨緣」，卷一頁二三。標題爲「沖師長老詩帖」。

157.□讀，賤息失教帖：

據〔式書〕，卷一五㈡頁七二。上有項氏印。

158.蘇軾，尺牘軸：今藏〔故宮〕。

據〔故錄〕，卷二頁一。上有項元汴印十六方。

159.蘇軾，書前赤壁賦卷：今藏〔故宮〕。

據〔故錄〕，卷一頁四九；「石初」(下)，頁八九九。上有項元汴印。又有文徵明八十九歲（一五五八）題跋。又有文彭印與董其昌跋。

160.蘇軾，陽羨帖卷：

據〔石續〕㈠，頁二九五。上有二十八方項元汴印與題識。題識年月是一五七二年，有「抽」字編號，又標明價格。有董其昌印。

161.蘇軾，黃州謝表卷：

據〔石續〕㈢，頁一五一四。有項元汴印三方。

162.蘇軾，書金剛經卷：

據〔秘初〕，頁九四。上有項元汴印。

163.蘇軾，墨竹眞蹟卷：

據〔石三〕㈡，頁九六六。上有項元汴印。

164.蘇軾，墨蹟卷：
據〈石三〉㈢，頁一四一五。上有項元汴印。又見德新半印。

165.蘇軾，寒食詩：今爲王雪艇藏。
據〈式書〉，卷一〇㈠頁四九四；「清河」，卷末頁四三。據〈清河〉云：「東坡草書寒食詩當屬最勝，後有黃山谷跋今在檇李項氏。」。此書爲蘇軾傳世名蹟，黃山谷跋亦精。

166.蘇軾，一夜帖：
據〈式書〉，卷一〇㈠頁四九六。上有項氏印。又見〈墨緣〉，卷一頁二七。

167.蘇軾，新歲展慶、人來得書二帖：
據〈墨緣〉，卷一頁二五。上有項氏印。又有董其昌跋。

168.蘇軾，覆盆子帖：
據〈墨緣〉，卷一頁二六。上有項氏印。

169.蘇軾，車馬帖：
據〈墨緣〉，卷一頁二八。上有項氏印。

170 蘇舜欽，南浦詩帖：
據〈式書〉，卷九㈠頁四二一。上有項氏印與「一」字編號。

171.蘇庠，均休便道二帖冊：
據〈墨緣〉，卷二頁五三〇有項氏印。

戊、元

172.沈石，詩簡帖：

據〔墨緣〕，卷二頁八五—八六。此帖經項氏收藏。

173.兪和，書陶潛詩册：今藏〔故宮〕。

據〔故錄〕，卷三頁六七；〔石三〕㈣，頁一六七。據〔石三〕此册上有十餘方項元汴印與記語。又見文氏父子題跋與印。文壽承印，三橋居士印。

174.兪和，臨樂毅論卷：今藏「普林」

據〔石初〕(上)，頁五三七。上有項元汴印。

175.兪和，雜詩卷：

據〔式書〕，卷一九㈡頁二一四；〔墨緣〕，卷二頁八四—八五。據〔墨緣〕此卷上有項元汴與小行書記語，說項元汴一五六二年春天，從無錫安桂坡孫仲泉買了此卷。又有「嗣」字編號。

176.兪和，臨十七帖：

據〔式書〕，卷一九㈡頁二一五；〔江邨〕，卷一頁五八—六一。據〔式書〕，此帖上有項氏諸印與記語，說項元汴於一五七九年秋日重裝此卷，並標明了此帖的價格。據安岐云：「余向見紫芝臨右軍十七帖册白粉箋本甚佳，亦項氏物，爲眞定相國所收，今歸淮安徽人程氏。」（參見「墨緣」，卷二頁八五，兪和雜詩卷。）

177.柯九思，書宮詞卷：今藏〔普林〕
見姜一涵「元付奎章閣及奎章人物」附錄。上有項氏印。

178.倪瓚，水竹處帖：
據〔式書〕，卷一九㈡頁二一二。倪瓚行楷書。上有項氏印。

179.留宿，金粟寺詩帖：
據〔墨緣〕，卷二頁八五。曾經項氏收藏。

180班惟志，二體千文卷：
據〔石初〕㈦，頁九二四。上有項元汴印。

181.康里夔，書顏眞卿述張旭筆法卷：
據〔石初〕㈦，頁九二四。上有九方項元汴印。

182.康里夔，臨懷素自叙卷：
據〔式書〕，卷一七㈡頁一六二。上有項氏諸印。

183.康里夔，十二月十二日帖：
據〔式書〕，卷一七㈡頁一六二。上有項氏諸印。

184.高翼，書通書册：今藏「故宮」。
據〔故錄〕，卷三頁五二；〔石初〕㈤，頁四七四。據〔石初〕册上有三十方項元汴印與「志」

字編號。

185.曹知白，交訊帖：

據〈式書〉，卷一八㈡頁一八四。此帖有項氏印。

186.段天祐，安和帖：

據〈墨緣〉，卷二頁八四。此帖經項氏藏。

187.張雨，書七言律詩軸：今藏「故宮」（圖三〇）。

據〈故錄〉，卷二頁三；〈石初〉㊤，頁六四；〈故錄〉稱此軸上有「天籟閣項元汴等七印」。

但是不載項元汴印記。

188.張雨，自書詩帖冊：

據〈石續〉㈠，頁三六六—三七六。此帖共三冊，其中第二冊末有項元汴題識，說項元汴一五五六年從文徵明得到此冊。有項氏印二十六方。又有倪瓚題記及文徵明，文壽承。文彭印。

189.張雨，雜詩卷：

據〈式書〉，卷一九㈡頁二三三。有項元汴記語：「此冊余家向從文衡山處得之」。

190.張渥，楞伽古木詩帖：

據〈式書〉，卷一七㈡頁一二四。上有項氏印。

191.張渥，室邇札并詩帖：

據〔式書〕，卷一九(二)頁二三六。上有項氏印。

192. 陸居仁，張樞倡和詩卷：

據〔墨緣〕，卷二頁八七。上有項氏印與「意」字編號。

193. 陸廣，詩簡帖：

據〔墨緣〕，卷二頁八六。上有項氏印。

194. 馮子振，詩冊：

據〔辛丑〕，卷四頁四三。此冊有項氏印。

195. 陳汝言，潘牧和詩：

據〔墨緣〕，卷二頁九一。此卷經項氏收藏。有「塞」字編號。

196. 黃溍，兎穎帖：

據〔式書〕，卷一八(二)頁一七七。有項氏印。

197. 揭傒斯，自書詩草卷：

據〔石三〕(七)，頁三〇八五—三〇八六。上有十餘方項元汴印與一五五九年的記語。又有文徵明、文彭、文壽承印。又見〔墨緣〕，卷二頁八二。稱此卷「雜詩卷」。

198. 虞集，書虞允文誅蚊賦卷：

據〔石三〕(四)，頁一五九四—一六〇〇。上有項元汴記語與三十一方印。記語中說項元汴一五六

○年從無錫華氏買了此卷，用價是五十金。有「畫」字編號。又〔式書〕，卷一八(二)頁一六四。載項元汴跋：「此帖今藏余家往在無錫蕩口得於華氏中甫處，少溪家兄重購見貽之物。元汴」

199. 虞集，白雲法師帖：

據〔墨緣〕，卷二頁八三。此帖經項氏收藏。

200 楊維楨，僕客雲間帖：

據〔式書〕，卷一九(二)頁二〇七。上有項氏印。

201. 楊宗道，臨各帖卷：

據〔辛丑〕，卷四頁四六—四九。此卷上有項元汴印與記語。說項元汴一五六六年冬天從洞庭王文恪家買了此卷。

202. 管道昇，拜別頂相帖：

據〔墨緣〕，卷二頁七六。此冊經項氏收藏。又有祝允明與楊循吉題及董其昌二跋。

203. 趙氏一門法書冊：今藏〔故宮〕。

據〔故錄〕，卷三頁二三一；〔石續〕(一)頁四八〇—四八七。據〔故錄〕此冊趙孟頫、管道昇、趙雍書共十三幅，此冊曾經項元汴收藏，冊上有項元汴諸印與項篤壽印。又有趙孟籲、祝允明、董其昌跋與印。又有文徵明、文彭、文壽承三父子印。

204. 趙孟頫一門合札卷：今藏〔普林〕。

205\. 趙孟頫，臨王羲之書冊：今藏〈故宮〉。

據〈故錄〉，卷三頁三二。此冊上有二十餘方項元汴印。

206\. 趙孟頫，千文，款識大德三年（一二九九）卷：

據〈石初〉(下)，頁九三四。上有項元汴記語。

207\. 趙孟頫，書千文，款識大德六年（一三〇二）卷：

據〈石初〉(下)，頁九〇九。上有項元汴印。

208\. 趙孟頫，書千文卷：

據〈石初〉(下)，頁九三四。上有項元汴記語。又有董其昌跋文。

209\. 趙孟頫，二體千文，款識延祐戊午（一三一八）：

據〈石初〉(上)，頁九一一。上有項元汴印。

210 趙孟頫，二體千文：

據〈式書〉，卷十六。有項元汴記語：「松雪翁千文平生閱數卷，未有如此本精絕，直逼永師。後之書家恐難追及。嘉靖庚戌歲（一五五〇）閏月廿三日觀於至德里之小樓嘉禾項元汴子京」。

211\. 趙孟頫，書歸田賦卷：

據〈石初〉(下)，頁九二三。此卷，趙孟頫、管道昇、趙雍、趙由晳書共六幅。每一幅上都有項元汴諸印（共六十餘方）。參見姜一涵「趙氏一門合札研究」（「故宮季刊」十一卷四期）。

據〈石初〉(上)，頁三五四。上有二十九方項元汴印與「妙」字編號。

212. 趙孟頫，跋定武蘭亭卷：

據〈石初〉(上)，頁五三三。此卷上有七十一方項元汴印。又有董其昌跋。

213. 趙孟頫，書待漏院記卷：

據〈石初〉(上)，頁五三三。上有四方項元汴印。又有錢惟善跋。

214. 趙孟頫，臨聖教序卷：

據〈石初〉(上)，頁五三五。上有三十餘方項元汴印。

215. 趙孟頫，書雪賦卷：

據〈石初〉(下)，頁九一二。上有項元汴篆書記語與印。

216. 趙孟頫，書秋聲賦卷：

據〈石初〉(下)，頁九一五。上有項元汴、項德機、文彭、文嘉諸印。

217. 趙孟頫，雜書卷：

據〈石初〉(下)，頁九一九—九二二。上有一〇二方項元汴印與記語：「校松雪齋文集，前詩所遺。城市多囂塵，山林幽且間」。有「嫡」字編號。

218. 趙孟頫，書崇禧萬壽宮記卷：

據〈石初〉(下)，頁九一八。上有項元汴諸印。

219. 趙孟頫，書道德經上下合卷（款識皇慶二年「一三一三」）：
據（秘初），頁一七七—一七八。上有六〇餘方項元汴印與記語（一五五八）。又有豐道生（一五六四）題。

220 趙孟頫，書黃庭經卷（款識大德二年「一二九八」）：
據（秘初），頁一八三。上有項元汴與王世貞跋。

221. 趙孟頫，書心經清靜經趙由宸書金剛經合卷：
據（秘初），頁二〇八。上有二十六方項元汴印與「書」字編號。

222. 趙孟頫，書陰符經卷：
據（石續），頁二三九。上有項元汴、項元度、項熾昌印。又有董其昌跋與印。又見「墨緣」，卷二頁六八。

223. 趙孟頫，洪範授受圖并書卷：
據（石續）㈠，頁三四二。上有二十七方項元汴印。又有文徵明題跋與印。

224. 趙孟頫，書蘇軾烟江疊嶂圖詩（沈周文徵明補圖）卷：今在大陸。有單行本。
據（石續）㈡，頁五四四五—五四四六。趙孟頫行書，沈周一五〇七年（八十一歲）補此圖。一五〇八年文徵明又補此圖。項元汴印三十九方。並題記說，項元汴於一五五九年從錢塘丁氏買了此卷，也標明了價格。有「寵」字編號。

225.趙孟頫，書歸去來辭卷：今藏（東博）。

據（石續）㈡，頁九八〇—九八二。上有四十七方項元汴印。經文徵明收藏。又見「墨緣」，卷二頁六九。

226.趙孟頫，書譜卷（臨孫虔禮書譜）：

據（石續）㈢，頁一五五五。此卷上有項元汴印又有項聲表記與印。

227.趙孟頫，書耕織圖詩卷：

據（石三）㈣，頁一五五九—一五六三。上有項元汴印。

228.趙孟頫，書程鉅夫興國寺碑卷：

據（石續）㈤，頁二七三九—二七四一。此卷上有項元汴印與記語：「元趙子昂楷書興國寺碑，宋景濂家藏，黃晉書識，項子京珍秘，其直□金」。

229.趙孟頫，書心經冊：

據（秘初），頁四八。此冊上有二十九方項元汴印與記語（一五七三年），有「牒」字編號。

230趙孟頫，尺牘冊：

據（石初）(上)，頁四六九。此冊行書六幅，上有四十方項元汴印。

231.趙孟頫，集冊：

據（石初）(下)，頁七一四。此冊趙孟頫行楷書十二幅，第九幅前有項元汴諸印。

232.趙孟頫，書金剛經册：
據〈秘續〉，頁一〇四。此册上有「項墨林鑑賞章」印。

233.趙孟頫，十四札册：
據〈石續〉㊂，頁一五五一。此册是行書尺牘共十四葉，上有項元汴諸印與項篤壽印。

234.趙孟頫，尺牘册：
據〈石續〉㊅，頁三二一一—三二一四。此册趙孟頫行書八幅。上有二十餘方項元汴印與「府」字編號。

235.趙孟頫，尺牘六帖册：
據〈石續〉㊅，頁三二一四。此册上有十九方項元汴印與項德達、項廷謨、項廷敷印。

236.趙孟頫，秋興賦卷：
據〈式書〉，卷一六㊁頁九五；「清河」，卷酉頁四五。此卷曾經項氏收藏。

237.趙孟頫，書道德經卷（款識延祐六年（一三一九））：
據〈式書〉，卷一六㊁頁七八。此卷「墨林山人得之仲兄少谿子長手授」，也標明了價格。又有王穉登跋。

238.趙孟頫，小楷大洞玉經卷（款識大德九年（一三〇五））：
據〈式書〉，卷一六㊁頁七八—七九）；「清河」，卷酉頁四三。據〈式書〉此卷有文嘉跋文（

一五七五年）參見本文第三章第三節。

239. 趙孟頫與中峰十一帖：

據〔式書〕，卷一六㈡頁一一四。此帖上有項元汴諸印與「凋」字編號。（中峰：生於一二六三年，卒於一三二三年，浙江杭縣人）。

240 趙孟頫，心腹帖：

據〔式書〕，卷一六㈡頁一〇三。上有項氏印。

241. 趙孟頫，八年帖：

據〔式書〕，卷一六㈡頁一〇三。此帖上有項氏印。

242. 趙孟頫，楷書汲黯傳卷：影本見「書道全集」。

據〔墨緣〕，卷二頁六八。上有項氏印。又有文徵明跋（一五四一）。

243. 趙孟頫，進之帖：

據〔墨緣〕，卷二頁七一。此帖經項氏收藏，有「三」字編號。

244. 趙孟頫，德俊茂才帖：

據〔墨緣〕，卷二頁七一。此帖經項氏收藏，有「二」字編號。

245. 趙孟頫，書蘇東坡道場何山詩：

據〔墨緣〕，卷二頁七一。此卷經項氏收藏，有「惶」字編號。

246. 趙孟頫，子方帖：
據〈墨緣〉，卷二頁七二。此卷經項氏收藏。

247. 趙孟頫，洛神賦：今藏天津市藝術博物館
見〈故宮文物〉，第三期頁四（北京：一九八〇）。此卷經項氏收藏。

248. 趙孟頫書妙嚴寺記：今藏「普林」
見莊嚴，〈山堂清話〉，頁四二一一四三〇；姜一涵「趙孟頫書妙嚴寺記」（「故宮季刊」十卷三期）。上鈐項元汴印四十七方，項聖謨印十八方。

249. 趙孟頫，靜心帖：
據〈墨緣〉，卷二頁七二。此卷經項氏收藏。

250 趙孟頫，次山總管帖：
據〈墨緣〉，卷二頁七二。此卷經項氏收藏。

251 趙孟頫，歸自吳門帖：
據〈墨緣〉，卷二頁七三。此卷有項氏「凋」字編號，又有文徵明、文彭印。

252. 趙孟頫，書張文潛送秦少章序：
據〈辛丑〉，卷三頁十九一二一。此卷上有項氏印。

253. 趙孟頫，書望江南淨土詞十二首冊：

據〈辛丑〉，卷三頁三四—三七。此卷上有項氏諸印。又有文嘉記語。

254. 趙雍，復四窓札：
據〈式書〉，卷一六㈡頁一二二。此札有項氏印。

255. 趙肅，書母衞宜人墓誌卷：今藏「故宮」。
據〈故錄〉，卷一頁八七；〈石續〉㈣，頁一九七〇。據〈石續〉此卷上有二十方項元汴印與記語，並有「聚」字編號與標明價格。

256. 鄧文原，清居院記卷：
據〈墨緣〉，卷二頁八〇。此卷經項氏收藏。

257. 鄧文原，杖錫見過帖：
據〈式書〉，卷一七㈡頁一四七。此帖上有項氏印。

258. 鄧文原，職米帖：
據〈式書〉，卷一七㈡頁一四七。此帖上有項氏印。

259. 鄧文原，臨急就章：
據〈式書〉，卷一七㈡頁一四六。此帖上有項氏印。

260 裕奐臨詛楚文册：
據〈石續〉㈠，頁三五二—三五八。此册有十四方項元汴印與二記語。又有陸師道印與隆慶四年

（一五七〇）九月時文彭跋。

261. 燕公楠，扳餞帖：
據〈式書〉，卷一七㈡頁一二四。此帖上有項氏印。

262. 鮮于樞，草書韓愈石鼓歌：今藏「顧洛阜」
據〈顧洛書〉頁六二。卷上有項元汴印三十一方。

263. 鮮于樞，書襄陽煙江疊嶂二歌卷：
據〈墨緣〉，卷二頁七九。此卷經項氏收藏。

264. 鮮于樞，臨米元章字卷：今爲張鼎臣藏。
據一九八二年歷史博物舘宋元書畫展。上有項氏印。

265. 饒介，書韓愈柳宗元文卷：
據〈石續〉㈥，頁三二三六。此卷上有二十餘方項元汴印與「賞」字編號。又見〈墨緣〉，卷二頁八七。

266. 饒介，士行帖：
據〈墨緣〉，卷頁八七。此卷經項氏收藏，有項廷讃印。

267. 饒介，四體書卷（款識至正二十一年（一三六一））：
據〈式書〉，卷一八㈡頁一九三。此卷共四幅，一臨右軍帖，二書諸葛武侯隆中對（章草書），三書前出師表，四書陳壽武侯傳贊。上有項元汴諸印。

268. 饒介，抱疾衡門帖：

據〈式書〉，卷一八㈡頁一九一。此帖上有項氏印。

269. 顧阿瑛，虎丘詩帖：

據〈式書〉，卷一九㈡頁二〇〇。此帖上有項氏印。

270 顧安，雪川奉別帖：

據〈式書〉，卷一八㈡頁一九〇。此帖上有項氏印。

271 龔璛，教授帖：

據〈墨緣〉，卷二頁八一。此帖經項氏收藏。有「甲二」字編號。又有項延謨印。

272 錢伯全札：

據〈辛丑〉，卷四頁五一。此札有項氏印。

273 戴表元，動靜帖：

據〈墨緣〉，卷二頁八一。此卷經項氏收藏。有「甲三」字編號。

己、明

274. 王寵，書離騷幷太史公贊卷：

據〈式書〉，卷二六㈡頁四三二。上有項元汴印、二跋文。一五五三年二月項元汴從池瀆沈氏得此卷。一五五五年再跋：「……項元汴拜觀於博雅堂中時梅芳蘭吐甚有興趣。」有「璇」字編號，也標明了價格。

275. 王寵與五嶽札：
據（式書），卷二六㈡頁四二九。此卷上有項氏印與「十一」字編號。

276. 王寵，草書自作雜詩卷：
據（墨緣），卷二頁一〇一。此卷經項氏收藏，有「廊」字編號。

277. 文徵明，自書詩帖卷：今藏「故宮」。
據（故錄），卷一頁一一五；「石三」㈣，頁一八九。有項元汴印。

278. 文徵明，書戰國策册：
據（石初）(上)，頁三一一。此册上有項元汴印。

279. 文徵明，書盧鴻草堂十志册：
據（石初）㈢，頁五五九。此册上有項元汴印。

280 文彭，書採蓮曲：今藏「故宮」。
據（故錄），卷四頁一八一；「石三」㈨，頁四五一二。據「石三」文彭題識：「……，連日偶臨素師自敘，自謂頗有所得，戲書此以呈墨林，不知以爲何如，己未（一五五九）正月廿又五日，三橋文彭。」。此卷前爲唐寅採蓮圖，次文彭書採蓮曲，及項元汴畫小景，幅上有項元汴印十五方全可靠，但是第一幅唐寅採蓮圖則未經項元汴收藏。古董商為了想多賣錢，偽造唐畫並將兩件併合。再偽加項元汴的一節拖尾，使大畫家、大書家、大收藏家三元合璧。（參見江兆申，「關於唐寅的研究」頁一二〇）

281. 文彭，與（墨林）十九札：
據（式書），卷二四㈡頁三八五：「每札有項氏編號幷諸印不錄」。參見本文第三章第三節。

282. 文林與匏菴（吳寬）札：
據（式書），卷二四㈡頁三七三。此札上有項元汴印。

283. 宋濂，自書戴曾伯序文卷：
據（石三）㈣頁一六九九。此卷上有項元汴印。又有一五一八年唐寅的跋。

284. 祝允明，書續書譜卷：
據（石初）㈤，頁三五八。此卷上有五十方項元汴印與「舍」字編號。又有文彭跋。

285. 祝允明，論書卷：
據（石續）㈠，頁四〇三。此卷行書三十二段。幅上有「項墨林父秘笈之印」一方。

286. 祝允明，書東坡遊記卷：
據（石續）㈡頁一〇三四。上有四方項元汴印。

287. 祝允明與子行札：

據〈式書〉，卷二五(二)頁四二四。此卷（章書）上有項氏印。

288.祝允明與在野札：

據〈式書〉，卷二五(二)頁四二四。此卷上有項氏印。

289.祝允明與秋田札：

據〈式書〉，卷二五(二)頁四二四。此卷上有項氏印。

290姚綬，書李商隱詩二卷：

據〈式書〉，卷二四(二)頁二六六：「姚丹丘手錄項墨林觀」。又有一五四三年文徵明觀賞記載記識。案：姚綬（一四二三—一四九五），字公綬、號丹丘子，擅書與山水、竹、石。

291.陳淳，書千字文卷：

據〈石續〉(下)，頁四一七—四一九。上有八方項元汴印。又有一五四五年、一五四九年的文彭二跋與印。

292.陳淳，梅雪詞帖：

據〈式書〉，卷二六(二)頁四五九。此帖上有項氏印。

293.徐禎卿與仁渠札：

據〈式書〉，卷二五(二)頁四〇二。此卷行書，上有項氏印。

294.徐禎卿與惟修札：

295.項元淇與三弟六札：
據〈式書〉，卷二五㈡頁四〇二。此卷上有項氏印。

296.項元淇，施事札：
據〈式書〉，卷二七㈡頁四八二。此卷上有項氏印。

297.項元淇，蘭蕊札：
據〈式書〉，卷二七㈡頁四八三。此卷上有項氏印。

298.項元淇，惠泉札：
據〈式書〉，卷二七㈡頁四八四。此卷上有項氏印。

299.項元淇與定湖札：
據〈式書〉，卷二七㈡頁四八四。此卷上有項氏印。

300項元淇，南國雜詠詩帖：
據〈式書〉，卷二七㈡頁四八三。此卷上有項氏印。

301.盧熊，敖游陽羨帖：
據〈式書〉，卷二三㈡頁三四八。此卷上有項氏印。

302.釋彝簡，佳偈帖：

據〔式書〕，卷二八(二)頁五一〇。此卷上有項氏印。

303.明人書酷早六年二詩帖：

據〔式書〕，卷二八(二)頁五一〇。此卷上有項氏印。

（附表Cb）名　畫

甲、晉　唐

1.晉、顧愷之畫女史箴并書卷：今藏〔大英〕。（圖三一）

據〔石初〕(下)，頁一〇七四。稱此卷上有項元汴篆書題記：「宋秘府收藏晉顧愷之小楷書女史箴圖」。有五十餘方項氏印。又〔石初〕(三)，頁一二〇〇。據董其昌跋：「海上顧中舍所藏名卷有四，謂顧愷之女史箴，李伯時蜀江圖，九歌圖及此瀟湘圖耳，女史在檇李項家，九歌在余家：」

2.六朝、張僧繇、雲山紅樹圖軸：今藏〔故宮〕。

據〔故錄〕，卷五頁一；〔石初〕(上)，頁六四。據〔石初〕此幅上有〔墨林〕一印。又有米芾印。

3.王維，山陰圖卷：今藏〔故宮〕。

據〔故錄〕，卷四頁九；〔石三〕(三)，頁一三五七；「清河」，卷寅頁五六。有項元汴印。米芾跋於一一〇二。圖見「故宮藏畫精選」。

4.王維，萬峰積雪圖卷：今藏〔弗利〕。

據〔江邨〕，卷三頁四：此圖「項子京天籟閣中物也藏印俱備」。又有揭傒斯印。沈周一五〇二年跋。及祝允明，高士奇諸跋。

5.王維，釣雪圖：

據〔清河〕，卷寅頁五一。水墨畫。據〔清河〕：「董元宰云王右丞畫余從檇李項氏見釣雪圖」。圖見喜龍仁「中國畫」㈢九七。

6.王維，伏生授經圖：

據〔徐錄〕，一八。上有項氏印。

7.李昇，高賢圖卷：

據〔清河〕，卷辰頁一九。設色畫。此圖檇李項氏藏。卷上有趙孟頫、虞集、王希白諸跋。

8.張萱，游行士女圖：

見〔式書〕，卷三㈢頁二二六。又見〔墨緣〕卷四頁二〇四。著色畫。據〔式書〕此圖上有項氏印。又有南宋內府印。

9.尉遲乙僧，畫蓋天王圖卷：今藏〔弗利〕。

據〔秘續〕頁五五。又見〔式畫〕，卷八㈢頁三五八。又見〔清河〕，卷寅頁二二一—二六。著色畫。據〔清河〕：「尉遲乙僧之諸畫近世罕覯……近始購藏宋褙著色天王像卷……立軸作袖卷裝自北宋始。」此圖上有項元汴二跋及收藏印。題識年月是一五八二年冬至日，此題記中並標明了價格。但（秘續）記載云：「項元汴跋，今失之」。此卷經宋秘府收藏。

10.楊昇，蓬萊仙弈圖卷：今藏「社會」。

見（石續）(二)，頁二八四。設色畫。此圖上有「項墨林秘笈之印」一方。

11.盧鴻，草堂十志圖卷：今藏（故宮）。（圖三二A）

見（故錄），卷四頁四；（石續）(三)頁一四九三。水墨畫。據（石續）此卷上有項元汴諸印。後有楊凝式（圖三二B），高士奇跋。

12.盧楞伽，六尊者像卷：今藏（平宮）

見傅申，「元代皇室書畫收藏」，圖版貳肆。上有項元汴印。

13.韓滉，五牛圖卷：今藏（平宮）。有單行本。（圖三三）

見（石續）(七)，頁三六八四—三六八五。設色畫。此卷上有項元汴印二十四方，有趙孟頫（三跋）、金農跋。項聖謨曾經臨摹。

14.韓幹，照夜白卷：今藏（大都）。（圖三四）

見（徐錄），頁二一〇，上有項氏印。

乙、五　代

15.王齊翰，江山隱居圖卷：

見（石續）(五)，頁二六四三。青綠山水。此幅有「子京父印」一方。又唐棣（一三五二年），董其昌題跋。

16.周文矩，賜梨圖卷：

據〈辛丑〉，卷一頁二四。此圖上有項元汴印。

17.黃筌，梨花山雀圖軸：

據〈石初〉(上)，頁六四一。著色畫。此圖上有項元汴印及董其昌記。

18.黃筌，柳塘聚禽圖卷：

見〈石續〉(五)，頁二六四四。設色畫。此圖有項元汴記語與印。記語中言及此圖卷購自無錫華東沙家，也標明了價格。有「象」字編號。

19.關同，大嶺晴雲圖卷：〈東博〉。

據〈石續〉(四)，頁一九一二。淺設色畫，春山雲樹。圖上有項元汴印十方。

20.五代趙幹，北窓高臥圖：

據〈式書〉，卷三(三)頁二二一。淡色畫。上有項元汴印。

21.郭忠恕，雪齋江行圖卷：

據〈石三〉(三)，頁四八一。圖上有項元汴印。

22.顧閎中，畫鍾馗出獵圖卷：

據〈石續〉(四)，頁一九一三。此卷上有「子京寶藏印」一方。按此印不見於其他書畫上，待考。

23 五代人按樂圖軸：

據〈辛丑〉，卷一頁二六。圖上有「項子京家珍藏」印。

丙、宋

24. 王巖叟，畫梅花卷：今藏〈弗利〉。（參見圖二一）

據〈石續〉㈣，頁一九二五—一九二六。水墨畫。此卷上有項元汴印。有「軻」字編號。

25. 王利用，人物畫：今藏〈奈爾〉。

據〈八代藝展目〉十八（絹本，彩色）。上有徽宗、高宗印，及項氏印七十五方。

26. 文同，畫盤谷圖并書序卷：

據〈石續〉㈢，頁九三三。水墨畫并行書。上有項元汴印二十九方。又有文徵明跋（一五四四）。張照跋。

27. 句龍爽，山水軸：今藏〈故宮〉。

據〈故錄〉，卷五頁六〇；〈石三〉㈢，頁一三九五。此卷上有項元汴與項篤壽印。

28. 巨然，闊浦遙山圖：

據〈式畫〉，卷一二㈣頁三四。水墨畫。圖上有項元汴印。

29. 巨然，山市晴嵐圖軸：

據〈石續〉㈥，頁三一七〇。淡設色。圖上有項元汴印。

30.米芾，雲山圖並自書跋（一一三五年）卷：

據〈石初〉(下)，頁九六七。水墨畫。此幅上有項元汴諸印。又有一一六三年曾覿跋、一五〇三年吳寬跋。

31.米芾，雲山烟樹卷：

據〈石三〉㈨，頁四三八四。水墨畫。畫上有項元汴、項聖謨印，及楊士奇印。

32.米芾，岷山圖軸：

據〈石初〉(下)，頁一一〇四。水墨畫。幅上有項元汴印。

33.米芾，雲山圖：

據〈式畫〉，卷三㈢頁二一八。淡色畫。幅上有項元汴印與董其昌題。

34.米友仁，瀟湘圖卷：今藏〈上海〉。

見〈石初〉(下)，頁一二三〇—一二三九；〈墨緣〉，卷三頁一三八；〈清河〉，卷酉頁一五。水墨畫并自題，及朱熹、朱敦儒、袁說友、關注、謝伋、韓滸、錢端禮、洪适、曾淳、曹筠等宋名公跋。據〈石初〉此幅上有項元汴印五十八方。又有沈周、董其昌跋。

35.李成，松巖水榭：

據〈石初〉(下)，頁一二二三；〈式畫〉，卷三㈢頁二一一；〈墨緣〉，卷㈣頁一八八。青綠畫。

據〔石初〕此幅上有項元汴印與董其昌一六一八年的跋。又有「德明收藏印」。

36.李成，雪圖：

據〔式畫〕，卷三(三)頁二一七。水墨江山雪景。此幅上有項元汴印。又有董其昌跋與印。

37.李公麟，輞川圖卷：

據〔石初〕(上)，頁五六〇。著色畫。此卷上有項元汴印四十一方。

38.李公麟，畫洗象圖卷：今藏〔印第〕。

見〔秘初〕，頁一〇七；〔式畫〕，卷四(三)頁二四七。著色畫。據〔秘初〕，此圖上有項元汴諸印與「耻」字編號。

39.李公麟，臨洛神賦卷：今藏〔東博〕。

據〔石續〕(五)，頁二六八七。白描山水人物。此幅上有項元汴印與項德枌印。（又見〔江邨〕，卷三頁一一三）。

40.李公麟，吳中三賢圖卷：現在美國。

據〔石續〕(五)，頁二六九三。白描三賢像。此幅上有項元汴印。

41.李公麟，醉僧圖卷：

據〔石續〕(五)，頁二六九五。白描畫。此幅上有項元汴印。又見〔墨緣〕，卷三頁一三三——一三四。

42.李公麟，華嚴變相圖卷：現在美國。

據（秘續），頁七〇。設色畫。此幅上有項元汴印十一方。又有項篤壽、項希憲、項德枌印。（又見珊瑚網）。

43.李公麟，畫唐明皇擊球圖卷：今藏（東博）。

據（石初）(上)，頁五六一。白描畫。此幅上有項元汴印。又有項篤壽印。董其昌跋。

44.李唐，清溪漁隱圖卷：今藏（故宮）。

見（故錄），卷四頁四五；（石初）(下)，頁一一八二。墨畫。此圖上有項元汴諸印與文彭印。

45.李唐，秋江待渡圖軸：

據（石續）(七)，頁三五五一。設色畫。此圖上有「項墨林鑒賞章」一方。

46.李唐，采薇圖卷：圖載「藝苑遺珍」。

據（辛丑），卷二頁十五。畫伯夷、叔齊採薇圖。此圖上有項元汴印與題記：「宋李唐畫夷齊像神品珍秘項墨林眞賞用價四金購於崑山周六觀氏」。又有錢塘宋杞受之記與兪允文（號仲蔚生於一五一一年卒於一五七九年）、翁方綱、吳榮光等諸跋。

47.李嵩，錢塘觀潮圖卷：今在香港。

據（石初）(上)，頁五六九。著色畫。此圖上有項元汴印二十六方與「押」字編號。

48.李嵩，秋山樓閣圖軸：

據〔石續〕㈤，頁二七一七。設色畫。此圖上有項元汴印。

49.李嵩畫羅漢卷：

據〔秘三〕，頁六二。設色畫。此幅上有項元汴印與記語：「佛滅度後，閻浮提衆生，以剛狠自用，莫肯信入，以故諸賢聖皆隱不見，惟以像設遺言，張引未悟，而峨嵋五臺廬山天台，猶出光景，使人了然見之，是卷阿羅漢圖，似眞非眞，似幻非幻，於毫素間窮極其妙，相傳爲宋李嵩所作，余得自上海顧研山處，雖無名款，諦審筆墨高古，非宋人不能爲也，墨林項元汴識。」。又見容臺集。

50.李嵩，服田圖卷：

據〔清河〕，卷辰頁四〇。此卷經項氏收藏。又云：「〔此卷〕係宋御府裝池，前後凡十二段每段有思陵楷書詩題。識以『紹興』小璽。畫上識以乾卦圖書井井可玩」。

51.李廸，樹禽急湍：今藏〔克里〕。

見〔八代藝展目〕三四。上有項元汴印。

52.李廸，鷄雛圖：

見〔徐錄〕一〇七又見〔淪陷〕三六。上有項元汴印。

53.吳元瑜，荔枝圖卷：

據〔石續〕㈢，頁一五二四。設色畫。此圖上有項元汴印二十餘方。又有宋徽宗金書與鮮于樞題跋。

54. 法常，寫生卷：今藏（故宮）。

見（故錄），卷四頁三九；（石初）㈦，頁九九〇—九九一。墨畫，各種花卉蔬果翎毛。款識年是咸淳改元（一二六五）。此卷上有項元汴跋與印。項元汴跋文中說法常（僧，牧谿）的畫「皆隨筆點墨而成，意思簡當，不假妝飾。」，又云：「明萬曆丙子（一五七六年）春仲，得於武陵丁氏」。有「諸」字編號。

55. 林椿，芍藥圖：

據（式畫），卷三㈢頁二二八。著色畫。此圖有項氏印。

56. 周文矩，織錦回文圖（蘇若蘭話別會合圖）卷：

據（式畫），卷一一㈢頁四一九。云：「崇禎戊辰（一六二八）暮春之望過項氏獲觀周文矩織錦回文圖卷，備寫送別會合情景，人物樹石皆佳……」。

57. 馬和之，柳溪春舫圖軸：今藏（故宮）。

據（故錄），卷五頁七三。著色畫。此圖上有項元汴印與「歡」字編號。

58. 馬和之，畫豳風四篇卷：

據（石初）㈤，頁五六七。著色畫。此圖上有項元汴印十餘方。

59. 馬和之，麻姑仙像軸：

據〔秘續〕，頁二三〇。著色畫。此圖上有項元汴印十五方。

60.馬和之橫詩十二段：今藏〔東京〕。

據〔式畫〕，卷五(三)頁二七四。引珊瑚網云：「天啟丁卯歲（一六二七）余自歷下歸，至多得册于又新家，偶觀馮開之快雪日記有云：己卯四月廿九日看項氏所藏法書名畫有趙千里丹青三昧圖、馬和之毛詩十二段。」。

61.馬遠，畫秋江漁隱軸：今藏〔故宮〕。

見〔故錄〕，卷五頁九五；〔石續〕，頁二七一八。淺設色畫。此圖上有項元汴印。

62.馬遠，瀟湘八景圖卷：

據〔石初〕(上)，頁三七六—三七七。淡著色畫。此圖上有項元汴印五十七方。

63.馬遠，雪灘雙鷺圖：今藏〔故宮〕

上有項元汴僞印。未經項氏收藏。

64.馬遠，四皓圖卷：今藏〔辛辛〕。

據〔石初〕(上)，頁五七一—五七七。水墨畫。此圖上有項元汴印九十五方。又有二方「項元汴字子京」、「子孫保之」。歷代書畫收藏家款印譜中未見有「項元汴字子京」印，不知此是否爲眞？

又有倪瓚印。

65.馬遠，竹溪圖：今藏〔克里〕。

據〔石續〕㈥，頁三一八九。水墨畫。此圖上有「項墨林父秘笈之印」一方。

66.馬逵，久安長治圖卷：今在香港。

據〔石三〕㈦，頁三三〇五。此圖上有項元汴印。又有內府圖書印與楊士奇印。

67.馬麟，畫花卉冊：今藏〔故宮〕。

據〔故錄〕，卷六頁一。又見「石續」㈣，頁一九三一。設色畫。此圖上有項元汴印。

68.馬麟，柑橘：在大陸。

據〔淪陷〕，頁九五。上有項氏印。

69.馬麟，層疊冰綃圖軸：

見〔徐錄〕，頁一一九。上有寧宗楊皇后題「層疊冰綃」四字及七言絕句。有項氏印。

70.梁楷，東籬高士圖軸：今藏〔故宮〕

見〔故錄〕，卷五頁一〇八；〔石初〕(下)，頁一一〇四。著色畫。此圖上有項元汴印。

71.夏圭，烟岫林居圖（扇面）：

見〔徐錄〕，頁一二一。自識：〔夏圭〕。上有項氏印。

72.梁楷，畫右軍書扇圖卷：今藏〔社會〕。

據〔石續〕㈤，頁二七二四；Osvald S:ren, Chinese Painting, Vol., 111. 327。

潑墨畫。王羲之題老媼扇事。此圖上有項元汴印與跋文。項元汴記語中說此圖「畫中八法具備，殆猶顛素狂怪合理，縱而不失矩度者，且名賢評品，皆以其實，盛名之下，殆無虛士，信然」。

圖見「中國名畫集」㈠（日本：開明堂，一九四五）

73.（宋）徽宗，寫生翎毛卷：今藏（故宮）。

據（故錄），卷四頁二八；（石續）㈢，頁九二八。設色畫。有項元汴印。

74.（宋）徽宗，文會圖軸：今藏（故宮）。

據（故錄），卷五頁六五；（石續）㈢，頁九二八。設色畫。有項元汴印。

75.（宋）徽宗，四禽卷：今在日本程琦⒀。

據（石初）㊤，頁五五〇—五五一。墨畫。此圖上有項元汴印九〇餘方。又有晉府圖畫印。見（徐錄）七五。

76.（宋）徽宗，畫名勒禮澄圖卷：

據（秘初），頁一〇七。著色畫。宋徽宗題籤「摹展子虔石勒問道圖」。

77.（宋）徽宗，竹禽圖卷：原爲「顧洛阜」所藏，今在「大都會」。（圖三五）

據（式畫），卷一一㈢頁四一四。著色雙鈎竹二鳥集竹上。上有項元汴跋文及印。又有趙孟頫跋。

圖見 The Metropolitan Museum of Art Bulletin, Winter 1981-1982。

78.（宋）徽宗，江天風雨圖卷：

據（石續）㈥，頁三一六九。水墨畫。上有「項氏墨林家藏圖書」印一方。又有張九成（一〇九二—一一五九）及張照跋。

79.（宋）徽宗，畫王濟觀馬圖卷：今藏（平宮）。

據（石續）㈣，頁一九一四。設色畫。圖上有項元汴印。

80（宋）徽宗山水：

據（式畫），卷一一㈢頁四一四。著色圖。上有米友仁、項元汴跋，米友仁題識年月是紹興九年（一一五九）五月二日。據項元汴記語，項元汴見過另一幅趙佶（徽宗），雪江歸棹長卷，此圖設色，現在大陸遼寧博物館（參見（徐錄））。

81.（宋）御府，荔枝圖卷：

據（辛丑），卷一頁三六。劉品跋以爲高宗所畫。此圖上有項元汴印。又有劉品（克剛）、周鼎（伯器）、王逵、韓崇、齊彥槐、吳榮光（二跋）等諸人跋。

82.郭熙，溪山行旅圖：

據（清河），卷午頁二八。又有（式畫），卷一㈢頁四六三。據（清河）云：「其溪山行旅圖眞本元初蘭坡趙都承故物今在村李項氏」。

83.游昭，春社醉歸圖：

據（辛丑），卷二頁二三。圖上有項元汴印與記語。此記語裏說項元汴一五四九年裝此卷，也標明了價格。又有「於」字編號。

84.湯正仲，畫梅花軸：

據〈石三〉㈢，頁一五〇二。此圖有項元汴印。

85.楊旡咎四梅圖：今在〈平宮〉。（圖三六）

見〈徐錄〉八八。上有項氏印。另有沈周、文徵明印。

86.楊旡咎，畫梅卷：

據〈石續〉㈥，頁三一八五。水墨畫。圖有項元汴、項篤壽印。

87.楊旡咎，獨坐彈琴軸：今藏〈故宮〉。

據〈故錄〉，卷五頁七二。水墨畫。有項元汴印。

88.楊旡咎，紅梅圖：

據〈式畫〉，卷二㈢頁二二五。著色畫。圖有項氏印。又有宋光宗對題乾卦印。

89.董源，採芝圖：

據〈式畫〉，卷三㈢頁二二一，「名畫大觀」第二冊第八幅。著色，青山縹緲白雲。據〈式畫〉

此圖上有項元汴印。

90 樓觀，映月梅花圖：

據〈墨緣〉，卷四頁二一四，「名畫清賞花鳥集」冊共一二冊之第十二幅。著色畫。據〈墨緣〉

此圖上有項氏印。

91.趙士雷，畫湘鄉小景卷：今藏〔社會〕。

據〔石續〕㈠，頁三〇三。設色畫并宋徽宗題。又見〔式畫〕，卷十三㈣頁三〇。據〔石續〕，此卷上有項元汴印與記語。此記語中項元汴說：「用原價購於上海顧氏」。宣和秘府所藏之一。

92.趙令穰，江鄉雪意圖卷：

據〔石初〕㊤，頁四〇〇。著色畫。卷上有項元汴記語。又有吳寬、文彭跋。

93.趙伯駒，停琴摘阮圖軸：今藏〔故宮〕。

見〔故錄〕，卷五頁七一；〔石三〕㈢，頁一四六六。設色畫。幅上有項元汴印。

94.趙伯駒，採芝圖：

見〔墨緣〕，卷四頁二〇八。唐五代北南宋集册二十之十五。大設色畫。據〔墨緣〕此圖經項氏收藏。

95.趙伯駒，江天客舫圖：

據〔墨緣〕，卷三頁一四。青綠山水。幅上有項元汴印。又有張則之印。

96.趙伯駒，丹青三昧圖：

見〔式畫〕，卷五㈢頁二七四。據王珂玉記此圖經項氏收藏。參見本表(59)，馬和之毛詩十二段之珊瑚網引文。

97.趙孟堅，畫墨蘭：

據〈石三〉㈢，頁九六九。卷上有項元汴印與記語。記語年月日是一五七七年，此記語裏項氏標明了其價格。又有「字字二十號」編號。

98. 趙孟堅，春畦秀潤圖卷：
據〈石三〉㈣，頁一五一七—一五一八。卷上有項元汴印。

99. 趙孟堅，水仙卷：
據〈石初㈦〉，頁九八五；見「盛京故宮書畫錄」，卷二頁四五。白描畫。據〈石初〉此卷上有項元汴諸印。又有柯九思、鄧文原、倪瓚、張雨、楊椿、馬琬等題記。圖見〈徐錄〉一四四。

100 趙孟堅，歲寒三友圖：今藏〈上海〉。
據〈式畫〉，卷四㈢頁二四七。水墨畫松竹梅。圖上有項元汴印。

101. 趙孟堅，水墨花卉卷：
據〈江邨〉，卷二頁二六。花卉二十四種。卷上有項子京家藏諸印。又有趙彥良、趙原初印。

102. 趙昌，歲朝圖軸：今藏〈故宮〉。
見〈故錄〉，卷五頁四九；見〈石續〉㈣，頁一九一七。設色畫。此圖上有項元汴印。

103. 趙昌，畫牡丹軸：今藏〈故宮〉。
見〈故錄〉，卷五頁五〇；〈石三〉㈢，頁四八四。此圖上有項元汴印。

104. 燕文貴，秋山蕭寺圖卷：

據〔石續〕㈤，頁二六六九；〔江邨〕，卷三頁二五。淡設色畫。據〔石續〕此卷上有項元汴印與記語，其年月是一五五七，項元汴從吳門王文恪家買得此卷。有「治」字編號。〔此跋文見「支那南畫大成」續集五，題跋集上、十六〕。

105. 燕文貴，雲山行旅圖卷：

據〔石三〕㈢，頁四八三。卷上有「項墨林鑑賞章」一方。

106. 燕文貴，柳莊觀荷圖：

據〔式畫〕，卷三㈢頁二二二。著色畫。圖上有項元汴印。又有宋高宗與董其昌題記。

107. 燕肅，春山圖卷：今藏〔社會〕。

據〔石初〕㊤，頁五五六－五六〇。水墨畫。此卷上有項元汴印與記語。有「潤」字編號。又有虞集等諸名家跋。

108. 燕肅，秋山晚靄圖卷：

據〔石初〕㊦，頁九五九。墨畫幷宋徽宗書。卷上有項元汴印。

109. 燕肅，寒巖積雪圖軸：

據〔石三〕㈢，頁一三八七。圖上有項元汴印。又有一六〇七年李日華跋。

110 劉松年，唐五學士圖軸：今藏〔故宮〕。

據〔故錄〕，卷五頁八六；〔石三〕㈢，頁四九八。設色畫。此圖上有項元汴印。

111. 劉松年，宋中興四將圖卷：
據（石續）㈠，頁三一〇。設色畫四將像。卷上有項元汴印十餘方。又見珊瑚網，式古堂。

112. 劉松年，鬬茶圖軸：
據（石續）㈢，頁一五三二。設色畫松陰三人歇擔。圖上有「項父秘笈之印」一方。

113. 劉年松，風雨歸莊圖：
據（式畫），卷三㈢頁二二〇。淡色畫。圖上有項元汴印。又有董其昌印與跋。

114. 錢選，烟江待渡圖卷：今藏（故宮）。
據（故錄），卷四頁六九—七二。著色畫。此卷上有項元汴印與「運」字編號。又有一五七四年文伯仁跋與印。

115. 錢選，蘭亭觀鵝圖卷：今藏（故宮）。（圖三七A）
據（故錄），卷四頁七三。設色畫。此卷上有項元汴印。又有董其昌跋與印。（圖三七B）

116. 錢選，山居圖卷（卽「浮玉山居圖」）：今藏（平宮）。
據（石續）㈥，頁三一九七—三二〇二。又見（式畫），卷一七㈣頁一五九。水墨畫山坳林屋舟橋諸景。據（石續），此卷上有項元汴印與記語。項元汴標明了價格，也有「秪」字編號。又有一三四八年黃公望跋。又有元代諸名家題詞。圖見（徐錄），一五七。

117. 錢選，畫石勒禮澄圖卷：原爲香港陳仁濤收藏。

據〔秘初〕，頁一一六。著色畫。此卷上有項元汴印四十餘方。此畫現傳世而同一章法者共四幅：即陳仁濤藏本，大阪市博物館藏本，顧洛阜藏本及弗利爾藏本。

118. 錢選，青山白雲圖卷：

據〔石初〕(下)，頁一〇五〇。著色畫。卷上有項元汴記語。

119. 錢選，仙機枚測圖卷：

據〔石續〕㈢，頁一五四〇。設色畫松竹湖石間男女仙並坐。卷上有項元汴印六方。

120. 錢選，觀梅圖眞蹟卷：

據〔石續〕㈠，頁三一一六。卷上有「子京父印」，「項墨林父秘笈之印」二方。

121. 錢選，穀豐禽樂圖軸：

據〔石三〕㈣，頁一五二五。彩色畫。幅上有「項墨林眞賞」印一方。

122. 錢選，畫梅花山茶軸：

據〔石三〕㈣，頁一五二七。彩色畫。圖上有項元汴印。

123. 錢選，畫陶潛歸去來辭圖卷：今藏〔大都〕。

據〔石續〕㈥，頁三一九六。設色畫。卷上有項元汴印。又有一三〇〇年鮮于樞書。（又見 Sherman. E.Lee: Chinese Landscape Painting' Plates 27. ）

124. 錢選，官姬戲嬰圖并題：

見〔式畫〕，卷一七㈣頁一六八。又見〔江邨〕，卷三頁三二。綠蕉墨石，一美人抱兒在機上手執花一枝，一侍女擎紈扇傍立。據〔式畫〕此圖上有項元汴印與「及」字編號。又有林伯恭、李士玉印。

125. 錢選，梨花圖卷：

見〔辛丑〕，卷四頁二一四；〔墨緣〕，卷三頁一四四。據〔辛丑〕此卷上有項元汴記語。其記語裏說項元汴從錢塘張都閫處買得此卷，年月是一五五一年六月，也標明了價格。有「貽」字編號。又有文徵明，文彭等凡十八人題詞。

126. 錢選，梨花斑鳩卷：今藏〔辛辛〕

據 Jam Fontein and Tung Wu, Unearthing China's Past, (Museum of Fine Arts, Boston, 1973.) P.236. 彩色畫。畫上款署「霅谿翁錢選舜舉」。後有牟巘、柯九思跋。上鈐項元汴印，並小字「縣字號」三字。此卷原爲張珩（葱玉）收藏。刊於其「韞輝齋藏唐宋以來名畫集」（上海：一九四七）。

127. 蘇軾，偃松圖卷：

據〔石初〕（下），頁九六一—九六二。墨畫。卷上有項元汴印六十餘方與記語。

128. 龔開，駿骨圖卷：今在〔大阪〕。（圖三八）

據〔石續〕㈥，頁三一九一—三一九三；〔徐錄〕一四七。水墨畫，一瘦馬幷自題詩跋。卷上有項元汴印與記語，記語年月是一五七八年。（又見〈墨緣〉，卷四頁二四三。）又有楊鐵崖，倪雲林、龔子敬等題記。

129. 宋人仿顧愷之洛神圖卷：今藏〈東博〉。
據〈石續〉㈠，頁三二〇。圖上有項元汴印、項篤壽印。又有「宣和」、「紹興」印。

130 宋人，紅蓼水禽圖：今在大陸。
見〈淪陷〉九六。畫上有項氏印。又見〈徐錄〉一三三。

131 宋人，遠嵐叢樹：今在大陸。
見〈淪陷〉九一。畫上有項氏印。

132. 宋人，柳塘呼犢：今在大陸。
見〈淪陷〉九七。畫上有項氏印。

133. 宋人，松谷幽禽：今在大陸。
見〈淪陷〉六八。畫上有項氏印。

134. 宋人畫如意大士像軸：
據〈秘初〉，頁一四三。白描畫。圖上有項元汴印、項德弘印。

135. 宋院本畫大士像軸：
據〈秘初〉，頁一四三。著色畫。圖上有項元汴印。又見御府圖書璽、紹興印。

136. 宋人秋山圖軸：

據〔石續〕㈢，頁一五四六。水墨畫。圖上有項元汴印十餘方。

137. 宋人春江漁隱圖卷：

據〔石續〕㈢，頁一五四五。水墨畫。圖上有項元汴印十三方。

138. 宋人畫司馬光獨樂園圖卷：今藏〔故宮〕。（參見圖一六）

據〔故錄〕，卷四頁八五；〔石續〕㈢，頁一五四三。水墨畫獨樂園景。有項元汴印。據〔石續〕引文董其昌畫旨云：「宋人有溫公獨樂園圖，仇實父曾摹本。」

139. 宋人秋廣圖軸：今藏〔故宮〕。

據〔故錄〕，卷五頁一二二。水墨畫。又見〔石續〕㈢，頁一五四六。有項元汴印。

140 宋人寒林待渡軸：今藏〔故宮〕。

據〔故錄〕，卷五頁一二一。墨畫。又見〔石初〕㈤，頁六六九。有項元汴印。

141. 宋人平疇呼犢軸：今藏〔故宮〕。

據〔故錄〕，卷五頁一四六。設色畫。有項元汴印、項聖謨印。又有安儀周印。

142. 宋人江帆上市卷：今藏〔故宮〕。

見〔故錄〕，卷四頁八五；〔石初〕㈦，頁七八五。著色畫。有項元汴印。

143. 宋人畫九歌圖卷：

據（石初）(下)，頁一〇六六。圖上有「天籟閣」，「子孫世昌」二印又半印存（墨林）二字。

丁、金、元

144. 金，武元直，赤壁圖卷：今藏（故宮）。（參見圖二三）

據（故錄），卷四頁九九－一〇一；（石續）(一)，頁三〇九。水墨畫赤壁泛舟景。此卷上有項元汴記語與印章。有「譏」字編號，也標明了價格。據（故錄），此卷無名款，項氏題爲朱銳所作，「石渠寶笈」從之。元好問遺山集題趙閑閑書赤壁詞末，以赤壁圖爲武元直作，故宮書畫錄編者已據以改正。

145. 王蒙，秋山草堂圖軸：今藏（故宮）。

據（故錄），卷五頁二一二；（石續）(五)，頁二七八〇。設色畫。此卷上有項元汴印。參見「元四大家」（台北故宮，一九七五），四〇八。

146. 王蒙，秋林萬壑圖軸：今藏（故宮）。

據（故錄），卷五頁二一三；（石初）(上)，頁六四五。設色畫。此圖上有項元汴印與「蘽」字編號。又見項聖謨印。參見「元四大家」，四〇九。

147. 王蒙，東山草堂圖軸：今藏（故宮）。

據（故錄），卷五頁二一一；（石續）(四)，頁一九七五。設色畫。此圖上有項元汴印。參見「元四大家」，四〇一。

148. 王蒙，畫花溪漁隱軸：今藏（故宮）。
見（石三）㈣，頁一六三四；（故錄），卷八頁六六。花溪漁隱圖。故宮博物院有同樣的三幅。其中收錄在「元四大家」第四〇七的才是王蒙的眞蹟，其他載於「故宮書畫錄」，卷五及卷八的另兩幅都是臨仿本。

149. 王蒙，修竹遠山軸：今藏（故宮）。
見（故錄），卷五頁二〇八；（石三）㈣，頁一六三五。淺設色畫。據（石三）此圖上有項元汴印。高居翰以爲此爲臨本，原畫爲美國 Ernest Erickson 所藏（「中國古畫索引」頁三四四）。

150 王蒙，長江萬里圖卷：
據（石續）㈡，頁一〇〇三。淺設色畫江景。卷上有項元汴印二方。

151. 王蒙，閬苑仙山圖卷：
據（石續）㈥，頁三二四四。設色畫山梁樓閣人物往來並自題。卷上有項元汴印。

152. 王蒙，喬嶽初秋圖軸：
據（石續）㈥，頁三二五〇。水墨畫，嶢峰密樹、瀑磴巖莊。上有項元汴印。

153. 王蒙，芝蘭室圖卷：今藏（故宮）。
據（石初）(下)，頁一〇五一。著色畫。卷上有項元汴印。

154. 王蒙，蘭亭雲霽圖軸：

據〈石初〉(下)，頁一一一〇。墨畫。卷上有項元汴印。

155.王蒙，琴書自娛圖軸：

據〈石三〉(四)，頁一六三三。彩色畫。幅上有五方項元汴印。

156.王蒙，仙居圖卷：

據〈石初〉(上)，頁五九三。墨畫。卷上有項元汴印與「嘉」字編號。

157.王蒙，太白山圖卷：今藏〈遼寧〉，另一幅在波士頓藝術館。

據〈石初〉(下)，頁一〇〇七。著色畫。卷上有項元汴記語與三十餘方印。項元汴記語中說：「得此卷於無錫安南屏」。有「近」字編號。圖見〈徐錄〉，二三〇。(圖三九)

158.王蒙，南村草堂圖：程琦藏(今在日本)。

據〈式畫〉，卷二一(四)頁二七九。淺暮色。又見〈清河〉，卷戌頁六十五。據〈清河〉此卷曾經項氏收藏。

159.王蒙，松谿高逸松下溫琴二圖：

據〈式畫〉，卷二一(四)頁二九八。圖上有項氏印。

160王蒙，黃鶴山居圖：

據〈式畫〉，卷二一(四)頁二九八。山水著色。此圖曾經項氏收藏。

161.王蒙，青溪書樓圖并題卷：

據〈式畫〉，卷二一㈣頁三〇〇。淺著色。卷上有項氏印。

162. 王蒙，聽雨樓圖卷：

據〈辛丑〉，卷四頁十三—二一。水墨山水。上有項元汴印。又有張雨、倪瓚、蘇大年、周伯琦、馬玉麟、錢惟善、張紳（二跋）、張附鳳、鮑恂、趙俶、鄭元、僧道衍、嚴瑄、韓弈等諸人跋。

163. 王蒙，青弁隱居圖：今藏〈上海〉。

據〈墨緣〉，卷三頁一六〇。水墨山水。圖上有項氏印。又有見董其昌題，又有記載：「此圖爲明錫山華氏中甫所藏」。圖見〈徐錄〉二三六。

164. 王蒙，摹右丞劍閣圖：

據〈墨緣〉，卷四頁一九七。淡著色雲景。圖上有項氏諸印。

165. 王振鵬，龍池競渡圖卷：今藏〈故宮〉。

據〈故錄〉，卷四頁一二一。又見〈石初〉㈦，頁一〇〇六。白描畫，此圖上有項元汴印。故宮書畫錄編者按：「畫係眞迹。跋疑。收藏印中項氏諸印亦不眞。」

166. 王振鵬，龍舟圖卷：今藏〈故宮〉。

見〈故錄〉，卷四頁一二三。白描界畫。此卷上有項元汴印與「亭」字編號。

167. 王淵，蓮塘鸂鶒圖卷：

據〈石初〉㈤，頁三九一。著色畫。圖上有二十餘方項元汴印。又有張雨題一三六一年的倪瓚書。

168.王淵，畫花鳥卷：

據〈石續〉(四)，頁一九六五。設色畫。卷上有二方項元汴印。

169.王淵，寫生軸：

據〈石續〉(五)，頁二七六〇。水墨畫。圖上有「項墨林氏」，「天籟閣」二方印。

170 方從義，松巖譚道圖軸：

據〈石續〉(六)，頁三二五四。水墨畫。圖上有一方「項墨林氏秘笈之印」記。

171.朱德潤，秀野軒圖卷：今藏〈平宮〉。（圖四〇）

見〈石續〉(六)，頁三二二七；〈江邨〉，卷二頁三七—四一；〈徐錄〉二〇一。水墨畫。據〈江邨〉此卷上有項元汴印三十餘方。又見「式古堂」。

172.任仁發，貢馬圖卷：

據〈石續〉(二)，頁九九五。設色畫。卷上有項元汴印十餘方。

173.任仁發，飲中八仙圖卷：

據〈石三〉(七)，頁三三一四。設色畫。卷上有項元汴印二十餘方。又有虞集隸書杜甫飲中八仙歌（泰定乙丑〈一三二五〉七月暇日展卷）。又記載「右角有甚字」。

174.吳鎮，墨竹譜册：今藏〈故宮〉。

據〈故錄〉，卷六頁十二；〈石續〉(二)，頁九九；顧復「平生壯觀」卷九頁六四；「元四大家」

第二一〇。墨畫作於一三五〇年。此譜二幅行書蘇軾題「文同畫竹記」與二十幅畫竹譜並自題識。此圖上有項元汴印章。又經李肇亨、宋犖（一六三四—一七一三）、勵宗萬（一七〇五—一七五九）收藏。

175. 吳鎮，墨竹冊：今藏（故宮）。

見（故錄），卷六頁一七。據（故錄）此圖上有項元汴印。

176. 吳鎮，洞庭漁隱圖軸：今藏（故宮）。（圖四一）

見（故錄），卷五頁二〇〇；「元四大家」，二〇五；「故宮名畫三百種」；（墨緣），卷二一頁一五〇。墨畫作於一三四一年。此幅上有項元汴印。據「元四大家」：「項氏之後曾經紹興朱石門收藏。吳其貞（一六〇七—一六七七）於一六六六年得於石門之孫朱廿六家，書畫記卷五著錄作：梅道人洞庭釣艇圖紙畫一幅，謂畫法軟柔有異於常，蓋效巨然」。「墨緣彙觀」稱此圖爲釣隱圖。

177. 吳鎮，梅竹松蘭四友圖：

見（石三）㈦，頁三三一五—三三一七。又見（式畫），卷一九㈣頁二一七。又見（江邨），卷三頁三七。共六幅水墨梅松蘭各一、竹二，題俱行草書，長卷。第一段款識至正六年（一三四六）冬至日。據（江邨）載，此圖上有項氏印五十餘方。又有李肇亨題。

178. 吳鎮，梅老竹譜并題卷：

據〈式畫〉，卷十九㈣頁二一六。此畫作於一三五〇年。項元汴記語：「嘉靖三十六年（一五五七）春既望墨林項元汴得於吳門文氏」。（吳門文氏可能爲文徵明）。

179. 吳鎭，雲山竹石圖幷書：

據〈式畫〉，卷一九㈣頁二二四。水墨雲山竹石中佛光上燭童子隔岸瞻禮墨氣蔚然蒼潤欲滴圖內。

此圖上有項氏諸印。

180 吳鎭，墨竹圖：

據〈式畫〉，卷四㈢頁二六五。此圖爲「元明名繪大方册」之第二幅。水墨雨竹二枝瀟瀟畫致中。

圖上有項元汴印。

181. 吳鎭，爲松巖作墨竹卷：

據〈墨緣〉，卷三頁一五一。畫作墨竹四竿，新篁一枝，風姿飄逸。此卷上有項元汴印。又有文信、趙奕、惠鑒、夷簡、項孔彰詩跋。

182. 林卷阿，江山客艇圖：今藏〈故宮〉，題曰：「山水卷」。

據〈故錄〉，卷四爲「元人集錦」之一。見「故宮名畫三百種」二〇一，上有項氏墨林印。

183. 柯九思，畫高臍嵩壽軸：

見〈石三〉㈣，頁一五九二。此圖有一方「墨林山人」印。

184. 柯九思，清閟閣墨竹圖：

見〔墨緣〕，卷三頁一五三；〔式畫〕，卷一九㈣頁二二五。作墨竹二竿，款書「至元後戊寅（一三三八）十二月十三日」。據〔墨緣〕此圖上有項元汴印。

185. 倪瓚，筠石古槎圖軸：今藏〔故宮〕。

見〔故錄〕，卷五頁二二三；〔石初〕(上)，頁六四七；「元四大家」，三一六。墨畫。此圖上有項元汴印。

186. 倪瓚，脩竹圖軸：今藏〔故宮〕。

見〔故錄〕，卷五頁二二六；〔石初〕(下)，頁一一一三；「元四大家」，三一七。墨畫竹梢一枝并自題，作於一三七四年。此圖上有項元汴印。又有張紳、王汝玉、逃虛子、妙聲、杜堇、吳寬等六人題記。

187. 倪瓚，安處齋圖卷：

見〔墨緣〕，卷四頁二三六（元人八圖合卷之三）；「元四大家」，三〇七。又見「故宮書畫錄」、「石渠續編」㈡，頁五一八（元人集錦）、「大觀錄」、「式古堂」、「珊瑚網」、「平生壯觀」、〔徐錄〕二一一六。此卷，水墨畫，坡陀林屋，隔岸山巒，漸遠漸低，橫抹一角。此圖上有項元汴印。

188. 倪瓚，水竹居圖卷：今藏〔社會〕。

據〔石初〕(上)，頁三八二—三八三。墨畫。款識一三六二年。圖上有項元汴印。又有張愚、黃公筌、俞和、鄭祐隷、張雨、沈周跋。

189. 倪瓚，松亭山色軸：

據〔石初〕(上)，頁四二四。墨畫。款識一三七二年爲潘翁仲輝寫。圖上有項元汴印。又有一五〇四年五月二日沈周題記。

190 倪瓚，師子林圖卷：此畫與趙原合作，北平延光室刊單行本。

據〔石初〕(上)，頁五九三。墨畫。款識一三七三年。圖上有項元汴印。又有董其昌印（參見姜一涵「趙原和他傳世的幾幅山水」東吳大學「藝術史集刊」十二卷）。

191. 倪瓚，古木竹石軸：

據〔石初〕(下)，頁一一一三。墨畫。圖上有項元汴印，又有任賀題。

192. 倪瓚，桐露清琴圖軸：

據〔石初〕(下)，頁一一一三。墨畫。款識一三四三年。圖上有項元汴，又有任賀題。

193. 倪瓚，桐露清琴圖軸：

據〔石初〕(下)，頁一一一三。墨畫。款識一三四三年。圖上有項元汴印。又有一三七〇年顧愚題、楊維楨題。

194. 倪瓚，畫山水卷：

據〔石續〕㈠，頁三六〇。水墨畫疎林平楚，山趾笠亭。款識一三七一年三月六日。圖上有項元汴印。又有鄒直夫、瞿式耜、杜臻、張英、陳元龍等諸人題跋。

195.倪瓚，詩畫合璧卷：

見〔石續〕㈤，頁二七七三—二七七五。又見〔墨緣〕，卷三頁一五九；其中「竹枝圖」見〔徐錄〕二一一九。水墨畫一，行書詩三。據〔石續〕此卷上有項元汴諸印與「粱」字編號。又有曹溶題跋（此卷，第一幅是畫墨竹另二、三、四幅是贈陳惟寅（名汝言）詩帖。墨緣彙觀記載此卷稱「竹枝圖」。據〔石渠〕：「明郁逢慶書畫題跋記，載雲林贈陳惟寅詩卷，何良俊書畫銘心錄，載雲林畫竹與陳惟寅者，在袁謝湖家，書畫彙考亦載畫竹，是此卷贈惟寅兄弟，向各單行，不知何時合爲一也。」

196.倪瓚，水竹居圖軸：今在大陸。

據〔石續〕㈤，頁二七七六。又見〔清河〕頁三九；圖見〔徐錄〕二二〇。淡墨設色畫幷自題，款識一三四三。此圖上有項元汴印。又有釋良琦、文徵明、董其昌、粱詩正、董邦達題記。（據高居翰「中國古畫索引」頁九〇三，見「人民畫報」一九七八頁一〇）

197.倪瓚，萬壑秋亭圖軸：

據〔石三〕㈨，頁四四〇〇。水墨畫。圖上有項元汴印。

198.倪瓚，虞山林壑圖：今藏〔大都〕（參見圖一九）
據〔墨緣〕，卷三頁一五八－一五九；見〔徐錄〕二三五。據〔墨緣〕水墨作山嶺巖壑，辛亥（一三七一）十二月十三日。圖上有項元汴諸印與「豈」字編號。又有黃公望題詩、又有董其昌二題。

199.倪瓚，顧仲瑛小像：
據〔清河〕，卷戊頁四四。白描畫（學李公麟）並自題。〔清河〕云：「此幀向藏秀水項氏，今在錢牧齋（謙益）」。

200.倪瓚，優鉢曇花圖軸：
據〔辛丑〕，卷四頁二二。此圖款識一三七二年正月二十三日，邂逅芝年講主於婁江朱氏之芥舟軒，因寫優鉢曇花圖軸並賦詩以贈。此圖上有項元汴印。又有董其昌跋。又有「石渠寶笈」、「三希堂精鑒璽」等清內府印。

201.馬琬，秋林釣艇圖軸：今藏〔故宮〕。
見〔故錄〕，卷五頁二四七。又見〔石初〕(下)，頁一一一八。墨畫。此圖上有項元汴印。

202.馬琬，畫喬岫幽居軸：
據〔石三〕(四)，頁一六七九。圖見〔徐錄〕二四二。此圖上有一方「墨林秘玩」印。

203. 馬琬，松壑觀泉軸：
據〔石三〕㈢，頁五二八。圖上有一方「墨林山人」印。

204. 馬琬，春山清霽：
據〔墨緣〕，卷四頁二三七〔元人八圖合卷之五〕。圖見〔徐錄〕二四一。另一幅馬琬的春山樓船圖在〔普林〕，曾經項元汴收藏。（見 Fu, Shen. Studies in Connoisseurship, pp. 72／1）。圖上有項墨林印。

205. 馬琬，秋林釣艇圖軸：
據〔石初〕(下)，頁一一一八。墨畫。圖上有項元汴印。又有陶九成題識。

206. 馬琬，幽居圖：
據〔江邨〕，卷三頁三四；〔石續〕㈠頁三七九。水墨畫。卷上有項元汴題記，載裝裱之年月及價格，又有「赤」字編號。有高士奇等人跋。

207. 陳琳，仙靈祝嘏圖軸：
據〔石三〕㈣，頁一五八七。圖上有一方「天籟閣」印，不知是否項元汴收藏？

208. 陳汝言，仙山圖：今藏〔克里〕。
據〔八代藝展目〕，一一四。上有項氏印十七方。

209.陳鑑如，竹林大士出山圖卷：

據（秘續），頁一一八一一一二一。白描畫。安南國王陳昭遜位後出山故事。圖上有項元汴印，又有富良江、陳登、曾檠、林復、僧溥洽題記。

210張渥，爲楊竹西作草亭圖：今藏（遼寧）。

見（石初）(上)，頁五九三；（式畫），卷十九(四)頁二三三。

211.張彥輔，棘竹幽禽圖：今藏（奈爾）。

據（八代藝展目），八四。上有項氏印。

212.高克恭，秋山暮靄圖卷：

見（石續）(五)，頁二七五二一二七五四。淺設色畫仿米家法。據（石續）此圖上有項元汴諸印。有鄧文原、趙孟頫、李國瀋等元末諸人跋。又有郭麟孫、沈右、吳寬、文徵明跋。又有華夏印。

213.曹知白，貞松白雪軒圖軸：今藏（故宮）。

見（故錄），卷五頁一九六。又見（石初）(下)，頁七九六。墨畫。款識一三五二年。此圖上有項元汴印，又有張雨、倪瓚、楊維楨題。

214.曹知白，溪山烟靄圖：

據（墨緣），卷四頁一九六。宋元明名畫大觀高册共二十幅之第五幅。水墨山水。圖曾經項墨林收藏。

215盛懋，蒼山白雲圖軸：

據〔石續〕(五)，頁二七六七。淺設色畫山水幷吳鎭題識。此圖上有項元汴印。

216.盛懋，畫松溪泛月軸：

據〔石三〕(四)，頁一六四一。圖上有一方「墨林項秊」半印，不知是否項元汴印。

217.盛懋，秋林曳杖圖：

據〔墨緣〕，卷四頁二一八。水墨作叢樹沙溪。圖曾經項墨林收藏。

218.郭畀，寫高使君意軸：今藏〔故宮〕。

見〔故錄〕，卷五頁一八七；〔石初〕(下)，頁一一〇八。墨畫。此圖上有項元汴印。又有沈周寶玩。

219.程棨，摹樓璹耕作圖卷：今在〔弗利〕。

見〔石續〕(七)，頁三八八一。上有項氏印。有趙孟頫等跋。又項元汴跋稱爲劉松年畫，至乾隆始改爲程棨。

220黃公望，江山勝覽卷：

據〔石初〕(上)，頁五九一。著色畫。卷上有二十七方項元汴印。又有一三六四年倪瓚題識。又有王時敏、唐伯虎印。又有陶復初題。

221. 黃公望，沙磧圖卷：

據（石初）(上)，頁六二〇。水墨畫。圖上有項元汴記語，又有饒介、張雨、錢鼐、姚廣孝、魏驥、袁忠徹等諸題句。據董其昌、黃公望、富春山居圖跋文中說：「他在項元汴家見過此圖」。（參見（石三）(二)，頁五一八。又見「元四大家」，一〇二。）

222. 黃公望，浮嵐暖翠圖軸：

見董其昌臨黃公望浮嵐暖翠圖。淺設色畫。（石續）(六)，頁三三二〇。據董其昌此圖自題（款識一六〇四年）中說：「黃子久浮嵐暖翠圖，南徐靳氏所藏，爲元畫第一，後歸項氏，余從項元度借觀，閱半歲，嬾病仍，僅再展而已，今日將還元度，似漁父出桃源，約略仿之」。又有陳繼儒題記。據（石渠）引文：「（此圖）元宰以百金得之項元度，元度不忍釋，旋復返去，元宰謂余云，却似漁父出桃花源，余笑云，正類明妃辭漢耳，因略倣寫此，此可以無籍子久矣，陳繼儒記。」。另一幅黃公望浮嵐暖翠圖，（石初）(上)，頁四三七，著色畫，自識時年八十二歲，但是未見收傳印記，不知是否二者爲同一件。

223. 黃公望，溪亭秋色圖軸：

據（石三）(四)，頁一六一三。水墨畫。圖有一方「項氏家藏」，另一方「鑒賞圖書」印。

224. 黃公望，書溪亭秋色軸：

據〈石三〉(四)，頁一六一三。水墨畫。圖上有五方項元汴印。

225. 黃公望，溪山雨意圖卷：

見〈墨緣〉，卷三頁一四八；〈清河〉，卷戌頁十；「妮古錄」，卷二；〈式書〉，卷一八。水墨山水，一三四四年作。據〈墨緣〉，此卷上有項元汴印。又有倪瓚跋文、文彭、文壽承跋。王國器題詞。有「秉」字編號。

226. 趙孟頫，鵲華秋色圖卷：今藏〈故宮〉。

見〈故錄〉，卷四頁一〇五—一〇七；〈石初〉(下)，頁九九八—一〇〇〇。此卷上有項元汴印與「其」字編號，又有董其昌跋：「余二十年前，見此圖於嘉興項氏……」（參見本文第三章第三節項元汴與董其昌）。

227. 趙孟頫，甕牖圖卷：今藏〈故宮〉。

見〈故錄〉，卷四頁一一〇；〈石初〉(下)，頁一〇〇三。著色畫。此圖上有項元汴印與「索」字編號。又有項孔彰印。又有姚綬、湯炳龍、張雨、倪瓚、顧阿瑛、沈周等諸跋。有項元汴記語，此記語裏有項元汴重裝此卷的年月與價格。

228. 趙孟頫，二羊圖卷：今藏〈弗利〉

見〈石續〉(三)，頁一五六七。水墨畫羊二。又見〈徐錄〉，一七七。據〈石續〉此卷上有項元汴印十六方與「門」字編號，又有良琦跋，經顧瑛所藏。

229. 趙孟頫，浴馬圖卷：

見（石初）(下)，頁一〇〇〇。又見（徐錄），一七六。著色畫。據（石初）此圖上有項元汴印九〇餘方，又有潘公圭、陸珩、錢沐、徐用、朱惟嘉、張謙、盧常、廖丈昱等諸人跋。

230 趙孟頫，怪石晴竹圖

見（墨緣），卷四頁二三五（元人八圖合卷之一）。又見（徐錄），圖一七九。墨畫。此圖上有項元汴印。又有李君實、張洽印。

231 趙孟頫，畫羅漢像軸：

據（秘初），頁一三七。墨畫。圖上有項元汴印。

232. 趙孟頫，畫松石老子圖軸：

據（秘初），頁二〇五。著色畫。圖上有項元汴印。

233. 趙孟頫，畫汀草文鴛軸：

據（石續）(一)，頁三四五。水墨畫。圖上有項元汴印十餘方。又有楊維楨、趙巖、朱榮祿、湯彝等諸人跋與題詩。

234. 趙孟頫，人騎圖卷：今藏（平宮）有單行冊（文物、一九五五）。

據（石續）(六)，頁三二一七。設色畫。圖上有項元汴印三十餘方。又有趙孟籲、趙由辰、趙雍，趙奕、趙氏三代之題跋。又有宇文公諒、倪淵、程郇、僧文信等諸人跋。

235. 趙孟頫，水亭觀奕圖軸：

據〈石三〉㈣，頁一五七八。著色畫。圖上有項元汴印十餘方。

236. 趙孟籲，畫水仙卷：

據〈石三〉㈠，頁三四六。水墨雙鈎水仙。卷上有項元汴印與「盛字第貳號」。又有宋濂、卞榮題跋。

237. 趙孟籲，畫十八羅漢卷：

據〈秘續〉，頁一一二。水墨畫十八羅漢像。卷上有項元汴印。又有錢維善等人跋。

238. 趙孟籲，畫十八應眞卷：

據〈秘續〉，頁一一三。白描畫十八羅漢。卷上有項元汴印。又有張紳、程敏政等人跋。

239. 趙雍，竹西草堂圖卷〈楊謙草堂景，趙雍竹枝〉：今藏〈遼寧〉。見「遼寧博物舘藏畫集」㈠八五—八六；〈石續〉㈡，頁九九一—九九四；〈江邨〉，卷一頁六四—六七。水墨畫。據〈江邨〉此卷上有項元汴印八十餘方與記語：項元汴「用價廿兩購於吳中」。又有楊維楨、張雨、馬琬、趙茂原、陶九成、楊循吉、黃應龍、高士奇等人題跋。案：楊謙號竹西，石渠編者誤以爲楊瑀〈號山居道人，字元誠〉。

240 趙雍，畫面壁圖軸：

據〈秘初〉，頁一三七。著色畫。卷上有項元汴印與一五七〇年的記語。

241.趙雍，五馬圖卷：

據〔石續〕(四)，頁一九六四。設色畫。卷上有項元汴印。又有徐賁、宋濂、夏昺題跋。

242.趙雍，越山圖卷：

據〔江邨〕，卷一頁六二。卷上有項元汴印。又有沈周、高士奇題記。

243.趙麟，茄豆圖：今爲台北市羊汝德藏。

見一九八二年歷史博物館宋元書畫展。上有項氏印。

244.趙原，剡溪雲樹圖卷：

據〔石初〕(上)，頁五九三。著色畫。此卷上有項元汴印。又有陸友、張簡、陳方、郭翼、張天英、仇遠、張學等人題跋。

245.趙原，陸羽烹茶圖：今藏〔故宮〕。

見〔墨緣〕，卷四頁二三七，元人八圖合卷之六；〔故錄〕，卷四頁三〇二，元人集錦之六。淡著色。據〔墨緣〕此卷上有項元汴印。又有趙丹林題款與趙善長、李肇亨、張洽等印。又有竊班題詩。

246.戴淳，匡廬圖軸：今藏〔故宮〕。

見〔故錄〕，卷五頁一九一；〔石續〕(三)，頁一五七七。水墨畫幷題。此卷上有項元汴印。

247.顏輝，鍾馗月夜出遊圖：今藏〔克里〕。

據八代藝展目，九一。上有項氏印八方。

248.與元人然燈佛授記釋文圖卷：

249\. 元人老子授經圖書畫合璧卷：

據〈秘續〉，頁一二七，設色畫。卷上有項元汴印與「敦」字編號，又有守仁題跋。

據〈秘續〉，頁二六五。白描畫。卷上有項元汴印。

250\. 元人上林校獵圖卷：

據〈石三〉㈣，頁一六八二。卷上有三方項元汴印：「天籟閣」、「墨林秘玩」、「項子京家珍藏」。

251\. 元人戲鴛圖：今爲台北市張岳軍藏。

見一九八二年歷史博物舘宋元書畫展。上有項氏印。

戊、明

252\. 王紱，畫鳳城餞詠軸：今藏〈故宮〉。

見〈故錄〉，卷五頁二八〇；〈石續〉㈠，頁三八八。水墨畫山水。此圖上有項元汴印與項聖謨印。又有楊士奇、李至剛、王景、王汝玉等諸人跋。

253\. 王紱，湖山書屋圖：今藏〈東博〉。

據〈石初〉㈤，頁五九五。墨畫。卷上有十餘方項元汴印。又有一五一六年三月文徵明跋與印。

又有文彭印。

254\. 王紱，林泉道古圖卷：

據〈石續〉(三)，頁一六〇〇。水墨畫。卷上有一方「子京」印，又有張照題跋。

255. 王紱，畫秋江泛艇軸：
據〈石三〉(九)，頁四四〇六。設色畫。圖上有一方「項子京家珍藏」印。

256. 王紱，竹石軸：
據〈石初〉(下)，頁一一二〇。墨畫。款識一四一四年冬天。圖上有項元汴印。

257. 王紱，竹石圖冊：
見〈墨緣〉，卷四頁二二〇；〈式畫〉，卷七(三)頁三三二。水墨并題，款識永樂甲午（一四一四年）長至日。此卷曾經項氏所藏。

258. 王穀祥，倣夏森畫冊：今藏〈故宮〉。
見〈故錄〉，卷六頁六〇；〈石續〉(三)頁一六二四。水墨山水花鳥。此卷上有項元汴印。

259. 文徵明，關山積雪圖卷：今藏〈故宮〉。
見〈石續〉(三)，頁一〇四五；又見〈故錄〉，卷四頁一八七；〈清河〉；〈式畫〉。設色畫，款識一五五四年。此圖上有項元汴印。又有陸師道題跋。

260. 文徵明，畫蘭竹軸：今藏〈故宮〉。
見〈故錄〉，卷五頁三九三；〈石續〉(四)，頁二〇〇一。水墨畫。此卷上有項元汴印。又有復初題。

261.文徵明，溫蘭圖卷：

據（石初）(下)，頁一一七五。墨畫。圖上有項元汴印。又有祝允明、陳淳、黃雲、徐霖等諸人跋。

262.文徵明，湖山新霽圖卷：今藏（社會）。

據（石初）(上)，頁三九〇。水墨畫。卷上有項元汴印。又有一五七七年三月二十一日文嘉跋、一五七七年初夏九日王世貞跋、王穉登跋。

263.文徵明，禊飲小圖羅文瑞蘭亭詩序合璧卷：

據（石續）(三)，頁一七〇一。水墨畫並羅文瑞書。卷上有項元汴印。又有董嗣成、周世登等諸跋。

264.文徵明，畫吳山秋霽圖書杜甫秋興八首卷：

據（石三）(九)，頁四一三四。卷上有項元汴印。又有彭年跋。

265.文徵明，畫溪山積雪軸：

據（石三）(四)，頁一九二八。卷上有項元汴印。

266.文徵明，袁安臥雪圖卷：

見（墨緣），卷三頁一七二。又見（辛丑），卷五頁三七—四四；（江邨），卷三頁五六。據（辛丑）此圖上有項元汴印與記語，項元汴一五五六年裝池此卷，此卷原價十六兩，有「殆」字編號。

267.文徵明，夏日閒居圖：

見〔墨緣〕，卷四頁二〇〇；〔式畫〕，卷七㈢頁三二三。淡色畫。據〔墨緣〕此卷經項元汴收藏。

268. 文徵明，倣趙松雪秋山訪隱圖：

據〔式畫〕，卷二八（四、四九五）。著色畫，款識一五五二年。圖上有項氏印九方。

269. 文徵明，眞賞齋圖卷：

據〔墨緣〕，卷三頁一七二。淺著色，款識一五五七年爲「中甫華君寫眞賞齋圖」。卷上有項氏諸印。

270. 文徵明，灌木寒泉：今爲日本山口氏藏。

據喜龍仁中國畫，六册頁二一一。上有項氏印。

271. 仇英，臨宋元六景册：今藏〔故宮〕。

見〔故錄〕，卷六頁四三；〔石續〕㈠，頁四〇九。仇英一五四七年爲項元汴摹此册，項元汴一五七〇年裝襲，孫項聲表一五七八年又重裝。有〔聆〕字編號，有項元汴、項聲表印。

272. 仇英，秋江待渡軸：今藏〔故宮〕。

見〔故錄〕，卷五頁三五五；〔石續〕㈣，頁一九九五；〔墨緣〕，卷三頁一七五。此圖上有項元汴印。

273. 仇英，蕉陰結夏軸：今藏〔故宮〕。

見〔故錄〕，卷五頁三五九；〔石續〕㈢，頁一六一六。此圖上有項元汴印。

274. 仇英，桐陰清話軸：今藏〔故宮〕。
見〔故錄〕，卷五頁三五九；〔石三〕㈦，頁三一〇五。此圖上有項元汴印。

275. 仇英，水仙臘梅軸：今藏〔故宮〕
見〔石初〕(上)，頁四三二。據〔石初〕：「嘉靖丁未（一五四七年）仲冬」仇英爲墨林製。

276. 仇英，畫水仙軸：
據〔石三〕㈣，頁一八八四。圖上有項元汴印。

277. 仇英，畫蘇李泣別圖卷：
據〔石三〕㈣，頁一八六八。圖上有項元汴印。又有文徵明題記與印。

278. 仇英，蘇武牧羊圖軸：
據〔石三〕㈦，頁三一〇一—三一〇三。圖上有四方項元汴印。

279. 仇英，仿張擇端清明上河圖卷：今藏〔東博〕。
據〔石續〕㈠，頁四一〇。卷上有一方「檇李項氏士家寶玩」印。

280 仇英，漢宮春曉卷：今藏〔故宮〕。（參見圖一七）
見〔故錄〕，卷四頁一八三—一八四；〔石初〕，頁六〇一。據〔故錄〕此圖上有項元汴印「慮」字編號，有標明價格。

281. 仇英，雪後山茶圖：
據（式畫），卷四（三、二五六）。著色畫，花卉做宋人。圖上有項元汴印。

282. 仇英，芍藥圖：
據（式畫），卷四㈢頁二五六。著色做宋人。圖上有項氏印。

283. 仇英，獨樂園圖，並文徵明書獨樂園記：今藏（克里）。
據八代藝展目，一六六。上有項氏印及項禹揆跋。

284. 仇英，秋蘭圖：
據（式畫），卷四㈢頁二五七。著色畫花瓣。圖上有項氏印。

285. 仇英，帝王圖：
據（式畫），卷五㈢頁二八三。圖上有項元汴印。

286. 仇英，教習女兵圖：
據（式畫），卷二七㈣頁四六八。圖上有項元汴印。

287. 仇英，臨宋人山水界畫人物畫冊：
見（墨緣），卷三頁一七七，共十幅。圖上有項氏印，又有一六二二年董其昌題跋。又有項祖洲印。

288. 仇英，臨宋人花果翎毛畫冊：
據（墨緣），卷三頁一七七。共十二幅。圖上有項氏印。

289. 仇英，萱花小鳥圖：

見〔墨緣〕，卷四頁二三七。明花鳥集册共八幅之第五幅。據〔墨緣〕此圖上有項元汴印。

290 杜陵內史，畫海潮大士像軸：
據〔秘初〕，頁一三八。著色畫。圖上有項氏印。又有仇英印。

291. 沈周，畫韓愈畫記卷：
見〔石續〕(二)，頁一〇二七—一〇二八；〔故錄〕，卷八頁四一。設色畫，並文徵明書韓愈畫記。
項元汴一五五二年裝裱此卷，有「幸」字編號。又有文徵明印、錢汝誠跋。

292. 沈周，仿倪瓚畫卷：
見〔石初〕(上)，頁三八七。墨畫。圖上有項元汴印三十餘方。

293. 沈周，林壑幽深圖卷：
據〔石初〕(下)，頁一〇二七。墨畫。圖上有項元汴印。

294. 沈周，書蓮塘小隱卷：
據〔石三〕(二)，頁五四〇。圖上有項元汴印。

295. 沈周，支硎遇友圖卷：
據〔石三〕(四)，頁一七七二。圖上有項元汴印。

296. 沈周，溪橋訪友圖軸：
據〔石三〕(四)，頁一七八六。水墨畫。圖上有項元汴印。

297.沈周，楊花新燕圖幷題：

據（式畫），卷七㈢頁三二九。淡色畫。卷上有項氏印。

298.沈周，臨大癡富春大嶺圖幷題：

據（式畫），卷七㈢頁三三四。水墨山水。卷上有項氏印。

299.沈周，荷香亭圖卷：

據（清河），卷亥頁六：「檇李項氏藏翁（沈周）荷香亭卷」。

300沈周，佳果圖卷：

據李佐賢（一八〇七—一八七六），「書畫鑑影」，卷六頁十六。項元汴標明此卷之價格與「墳」字編號。

301.杜瓊，南湖草堂圖幷賦七古一律軸：今藏（故宮）（圖四二）。

據（石續）㈢，頁一六〇三。水墨畫。圖上有項元汴印。

302.宋旭，畫山水卷：

據（石續）㈡，頁一〇六七。水墨畫。圖上有二方項元汴印。

303.冷謙，壽山福海圖軸：

據（石三）㈣，頁一七〇二。彩色畫。圖上有五方項元汴印。

304.呂紀，畫草花野禽軸：

據（石續）㈣，頁一九九〇。設色畫。圖上有項元汴印。

305.（明）宣宗，花鳥圖卷：

據（石初）㈦，頁一〇一四。墨畫。卷上有項元汴印。又有錫山華氏補菴收藏印。

306.金湜，萬竹圖（Ten Thonsand Bamboo）卷：今藏（福格）。

據 Sherman E.Lee, Chinese Landscape Painting; Plate.,40。此圖上有項元汴印四方。

307.夏昶畫竹卷：

據（石續）㈢，頁一六〇二。卷上有一方「天籟閣」印。（夏昶字玉峯號仲昭，自在居士，生於一三八八，卒於一四七〇）

308.夏昺，畫修篁拳石軸：今藏（故宮）。

見（故錄），卷五頁二九〇；（石三）㈣，頁一七一五。圖上有項氏印。（夏昺，夏昶兄）

309.徐賁，畫山水軸：

據（石三）㈣，頁一七〇七。圖上有項元汴印。

310.徐賁，眠雲軒圖卷：

據（石三）㈨，頁四四〇二。水墨畫。卷上有項元汴印二十餘方，又有石雲居士題、安岐印。

311.唐寅，畫嵩山十景冊：今藏（故宮）。

見〔故錄〕，卷六頁四二；〔石初〕(下)，頁七六五。〔石初〕記載此卷「終南十景吳奕書」。據〔故錄〕此卷上有項元汴印與記語，有「珍字三號」與此卷之價格。又有文彭跋、「華氏補庵家藏」印，又有一方「清河張若靄晴嵐氏珍藏之章」印。

312. 唐寅，畫馬卷：

見〔石續〕(二)，頁一〇四〇。設色畫。款識一五一六年，卷上有項元汴印。又有王守印。

313. 唐寅，千山萬木圖：

據〔式畫〕，卷二七(四)頁四六二。水墨畫。款識一五二二年，圖上有項元汴印。

314. 唐寅，秋塘詩景圖幷題：

據〔式畫〕，卷二七(四)頁四六二。淡色畫。卷上有項元汴印。

315. 唐寅，秋風紈扇圖軸：現在上海。

見龐元濟（一八六五—一九四九），「虛齋名畫錄」，卷八頁三—四。此圖上有項元汴一五四〇年、一五四二年的二跋。

316. 唐寅，山水軸：今藏〔安特略〕

據 Sherman E. Lee, Chinese Landscape Painting; Plate., 49。此圖上有項元汴印十方。

317. 孫克宏，太平春色圖軸：

據〔石三〕㈣，頁二〇一五。圖上有一方「子京甫印」不知是否項元汴印。

318. 陳括，畫花卉軸：

據〔石三〕㈣，頁一九五三。水墨畫。圖上有「墨林秘玩」、「平生眞賞」印。

319. 陸治，梨花寫生軸：今藏〔故宮〕。

見〔故錄〕，卷五頁四二一；〔石初〕(下)，頁一一三一。墨畫。圖上有項元汴印。

320. 陸治，山水圖（Landscape With Clear Distance）軸：今藏「芝加哥」據 Serman E. Lee, Chinese Landscape Painting, Plate., 62。此圖上有項元汴印五方。

321. 陸治，溪石圖：今藏〔奈爾〕。

據八代藝展目，一八二。設色畫。上有項氏印三十九方。

322. 邊文進，歲朝圖軸：

據〔石續〕㈤，頁二七八八。設色畫。圖上有一方「天籟閣」印，是否項氏藏？又一四二七年王孟仁題識。

323. 邊文進，胎仙圖卷：

據〔石初〕(下)，頁一〇二一。著色畫。卷上有項元汴印。

324. 謝環，香山九老圖：今藏〔克里〕。

據八代藝展目，一三三。上有項氏印。

（附表Cc）合卷與合册

甲、法　書

1.宋名賢寶翰册：今藏（故宮）。

此册共十九幅，蘇軾尺牘，米芾、蔡襄、李建中行書。此册上有項元汴印。（見「石初」(上)，頁三〇四。）

2.宋人箋牘册：今藏（故宮）

此册共十二幅，徐鉉、蘇軾、米芾等八個宋人書。第六、七、八、九、一〇、一一、一二幅前有項元汴印。（見「石初」(上)，頁四六〇；「故錄」，卷三頁二一九。）

3.宋諸名家墨寶册：今藏（故宮）。

此册共十九幅，杜衍、范仲淹、歐陽修、蔡襄、蘇軾、邵餗、王鞏、黃庭堅、米黻、米友仁、薛紹彭、蔡京、吳說、虞允文、范成大、陸游共十六人之行書、行楷、行草書。第一、五、七、八、十一、十五、十六、十七、十九幅上有項元汴印。有趙子昂、趙肅印，文徵明、祝允明跋。（見「石初」(上)，頁四六一—四六四；「故錄」，卷三頁一六〇。）

4.宋元寶翰册：

此册共三十四幅。第十四幅，李建中楷書七言絕句一首，有項元汴印。（見「石初」(上)，頁四六五。）

5.元名家尺牘冊：

此冊共三十五幅，歐陽玄、管道昇、趙雍、鄧文原、康里巙、王蒙等元代二十一個人行書，又有無名款的。第一、五、八、九、二〇、二一、二二、二七幅上有項元汴印。（見〔石初〕(上)，頁四六六—四六九。）

6.五元人墨跡卷：

此卷共五幅，趙蕃翁子行書，及僧士瑋行書，張雨、倪瓚楷書，陳基行楷書。此卷上有項元汴印。（見〔石初〕(上)，頁五三七。）

7.宋四家集冊：今藏（故宮）。

共十幅。蘇軾共二幅（第一—二幅）、黃庭堅共二幅（第三—四幅）、米芾共三幅（第五—七幅）蔡襄書共三幅（第八—十幅）。第一、二、四、六、九幅上有項元汴印。第九幅蔡襄、曾明仲及陳襄尺牘，上有「颻」字編號（參見圖一八A）見〔石初〕(下)，頁七〇九；〔故錄〕，卷三頁一五一；「故宮歷代法書全集」第十一冊。

8.宋元寶翰冊：今藏（故宮）。

此冊共二十二幅。第一幅宋高宗行楷七言律詩一首並董其昌跋文等。上有項元汴諸印與「親」字編號。（見〔石初〕(下)，頁七一〇；〔故錄〕，卷三頁二二一。）

9.元人法書冊：今藏（故宮）。

此冊共十一幅。鮮于樞書，及楊維楨書、柯九思跋、虞集題、揭傒斯題、張雨書等。第三、第八幅有項元汴諸印，又第二幅、第十一幅有項篤壽印。（見（石初）(下)，頁七一二；（故錄），卷三頁二五一）

10.宋人法書四冊：

此四冊共九十八幅。司馬光跋語（圖四三）等宋名家書。四冊中有項元汴印。有項篤壽、陳繼儒、歐陽元、唐伯虎印。（見（石續）㈠，頁四四五—四七三；「故宮歷代法書全集」十二冊頁八七）

11.宋十二名家法書冊：今藏（故宮）。

此冊共十四葉。第一幅李建中、第三幅蘇軾、第六幅錢勰、第九幅劉正夫、第十一幅吳說（圖四五），上有項元汴印。又有式古堂、笪重光鑒定印。（見（石續）㈠，頁四七三；（故錄），卷三頁一五四；「故宮歷代法書全集」十一冊）

12.宋代墨寶冊：今藏（故宮）。

此冊共七幅。第三幅蘇轍致子瑋秘丞尺牘（圖四六）、第五幅謝克家尺牘、第六幅無名氏詩，上有項元汴印。（見（石續）㈡，頁一〇九五；（故錄），卷三頁一七五；「故宮歷代法書全集」第十二冊）

13.宋四家墨寶冊：今藏（故宮）。

此册共十六幅。蔡襄四帖（第一—四頁）、蘇軾二帖（第五—六頁）、黃庭堅五帖（第七—十一頁）、米芾五帖（第十二—十六）。在此十六幅中，第二、三、七、十、十一等五幅中有項元汴印。第二、四幅中有項篤壽印。見「石續」㈡，頁一〇九七，又見「故錄」，卷三頁一四一；「故宮歷代法書全集」十一册。）

14. 宋四家法書卷：今藏（故宮）。

此卷共四幅。蔡襄尺牘、蘇軾書詩、黃庭堅尺牘、米芾尺牘，此卷上有十四方項元汴印，有「項季子章」，不知是否項元汴印。（見「石續」㈡，頁一一〇二，又見「故錄」，卷一頁一四一。）

15. 宋法書六種：

此宋徽宗二帖、蘇軾、陳與義、劉光世、張栻各一帖，此上有項元汴印。（見「石續」㈢，頁一六七〇。）

16. 宋四家眞蹟册：今藏（故宮）。

此册共八帖。蘇軾次辯才韻詩（圖四七），黃庭堅致景道十七使君尺牘並詩、蔡襄澄心帖（圖四八），上有項元汴印。（見「石續」㈢，頁一六七二；「故錄」，卷三頁一四六；「故宮歷代法書全集」十一册）

17. 元人舊蹟册：今藏（故宮）。

此册共十五幅。第一、趙孟頫行書、第二、虞集行書、第三、宣昭行書、第四、郭畀行書、第五、馬治行書、第六、朱德潤行書、第七、饒行介行書、第八、楊維楨行書、第九、張雨行書、第十、僧守仁草書詩、第十一、僧祖瑛行書、第十二、余闕行書、第十三、張宇初行書、第十四、張穀行楷書詩、第十五、王憲楷書詩。此册上有項元汴印，又有項聖謨印。（見〈石續〉㈢，頁一六八八；〈故錄〉，卷三頁二五九。）

18.宋元四家書册：今藏〈故宮〉。

共四幅。第一、陸游尺牘、第二、范成大尺牘、第三、趙孟頫尺牘、第四、歐陽玄五言古詩。此册上有項元汴印。（見〈石續〉㈣，頁二〇四八；〈故錄〉，卷三頁二二六。）

19.宋賢遺翰册：

共十三幅，集宋人六人尺牘題跋詩帖共十一種。第一王巖叟尺牘行楷書等，此册上有項元汴印。（見〈石續〉㈤，頁二八五七—二八六一。）

20.宋賢書翰册：今藏〈故宮〉。

此册共二十幅。宋人尺牘詩帖二十種，第一、蔡襄尺牘行楷書上有項篤壽印。第二、蘇軾尺牘、第九、韓彥質尺牘、第十、汪藻尺牘、第十二、吳說尺牘等四幅上有項元汴印。（見〈石三〉㈤，頁二五〇三；〈故錄〉，卷三頁一六四；「故宮歷代法書全集」十二册。）

21.宋元人雜書册：

此册共十二幅。宋元人書詩札廿四通。此册上有項元汴印。（見〈石三〉㈤，頁二五一〇—二五一三。）

22.元人詩翰冊：今藏〔故宮〕。

此冊共十三幅。第一、陳方尺牘行書，第二、三、四、張雨行書，第五、莫昌詩行書，第六、鮮于樞草書，第七、八趙孟頫行書，第九、釋明本楷書，第十、顧安行書，第十一、薛植尺牘行楷書，第十二、魏元裕題跋楷書，第十三李祁題跋行書。此冊上有二十餘方項元汴印。又有文徵明印。（見〔石三〕㈥，頁二五六〇；〔故錄〕，卷三頁二五四。）

23.元明書翰冊：

此冊共八幅。第一、宋濂書仇英董好子圖、沈周唐寅鄭時詩三種，第二、祝允明書記手狀各一通，第三、祝允明書唐人詩，第四、祝允明臨鍾繇書幷集論跋，第五、祝允明楷書陶淵明閑情賦，第六、沈周自書詩，第七、文徵明行草書前後赤壁賦（一五五八年），第八、文徵明草書千字文（一五二九年），此冊上有項元汴印。（見〔石三〕㈥，頁二五七三—二五八四。）

24.宋四家書卷：

此卷共五幅。第一、二、蘇軾行書，第三、黃庭堅行書，第四、米芾草書詩，第五、蔡襄楷書，此卷上有項元汴印，又有趙孟頫、安儀周、董其昌印。（見〔石三〕㈥，頁二六九四—二六九七。）

25.元人襍書卷：今藏〔故宮〕。

此卷共六札。其中第六饒介一札上鈐項元汴印十餘方。（見〔石三〕㈥，頁二六九八—二七〇一；〔故錄〕，卷一頁一四八。）

26.宋四賢尺牘卷：

此卷共四幅。王巖叟等四賢手帖，此卷上有二十餘方項元汴印與記語。項元汴一五五二年裝裱，其價值六金。（見〔石三〕(七)，頁三二三六—三二三七。）

乙、繪　畫

27.名畫薈萃二冊：

上冊共二十四幅，下冊共十六幅。此二冊包括歷代名畫共四十頁，多不署名款，其上冊中第三、四、十、二十頁有項元汴印。（見〔石初〕(上)，頁三三九。）

28.明人便面集錦冊：

此冊共二〇幅，第五幅陳括紫羅蘭上有項元汴印。（見〔石初〕(上)，頁四九三。）

29.烟雲集繪四冊：

此冊共六十四幅。第一展子虔雲山仙宇（彩色畫）等，此冊上有項元汴印。（見〔石續〕(一)，頁四九〇—五〇〇。）

30.唐宋元集繪冊：

此冊共十四幅。第一鄭虔峻嶺溪橋（水墨畫），及郭熙溪山行旅等，此冊上有項元汴印。（見〔石續〕(一)，頁五〇一。）

31.宋元集繪冊：

此册共二十六幅。第二、趙大年橙黃橘綠，第三、黃筌嘉穗珍禽等，此册上有一方「項墨林父秘笈之印」。（見〈石續〉㈠，頁五一三。）

32.宋人名流集藻册：

此册共十二幅。第一、燕文貴納涼觀瀑（設色畫）等，此册上有項元汴印。（見〈石續〉㈠，頁五一六。）

33.元人集錄卷：今藏〈故宮〉。

此卷共八幅。第一、趙孟頫水墨畫枯枝竹石，此卷上有項元汴印。（見〈石續〉㈠，頁五一八；〈故錄〉，卷四頁三〇二。

34.四朝選藻四册：

此册共四十對幅。第一、李思訓九成避暑（設色畫、宮殿人物、山瀑舟橋）等，此册上有項元汴印。（見〈石續〉㈡，頁一一一一—一一一八。）

35.歷朝畫幅集册：今藏〈故宮〉。

此册共六幅。第一、唐李成瑤峯琪樹（水墨）、第二、宋惠崇秋浦雙鴛（設色）、第三、宋馬麟暗香疏影（設色）、第四、宋林椿花木珍禽（設色）、第五、明周位淵明逸致（白描）、第六、宋錢選野芳拳石（設色），此册上有項元汴印。第一幅有董其昌印與跋、第四幅有楊維楨印、第六幅有柯九思書。（見〈石續〉㈢，頁一六八四—一六八六；〈故錄〉，卷六頁一九四。）

36.墨林拔萃册：今藏「故宮」。

此册共八幅。第一幅隨鄭法士讀碑圖（水墨）、第二、唐韋偃雙騎圖（設色）、第三、唐戴嶧逸午圖（水墨）、第四、唐張萱明皇合樂圖（設色）、第五、宋黃齊烟雨圖（水墨）、第六、趙孟堅歲寒三友圖（水墨）、第七、曹知白遠山疎樹圖（水墨）、第八、方從義惠方舟行圖（水墨）。此册上有項元汴印，又有柯九思印。（見「石續」㈢，頁一六八七；「故錄」，卷六頁一八二。）

37.元五家合繪卷：

此卷共五幅。第一、趙雍松溪流水（水墨）、第二、王冕梅花（水墨）、第三、朱德潤松崖浮艇（水墨）、第四、張觀秋林獨坐（水墨）、第五方從義依林茅屋（水墨）、此卷上有項元汴印。（見「石續」㈢，頁一六九四。）

38.元明人畫山水集景册：

此册共七幅。第一、幅盛懋子昭水墨山水，及王孟端、唐寅、文徵明、文嘉等人畫，此册上有項元汴印。（見「石續」㈣，頁二〇六四。）

39.宋人名畫集册：

此册共十對幅。第一、范寬江漁艇水墨畫、第二、粱楷蕉石圍棋水墨、第三、郭忠恕竹林水閣，及宋廸、賈師古、李公麟（白描）、燕文貴、趙昌、劉松年畫。據「石續」此册上有一方「子京珍藏」印。（見「石續」㈥，頁三三二八。）

40. 名畫薈珍冊：

共十二對幅。黃筌、趙孟頫畫及無名款唐宋元畫，此冊上有十餘方項元汴印，又有王世貞、倪瓚、徐賁題記，又有項德枌、希憲印。（見〔石續〕㈦，頁三六二三—三六二八。）

41. 名繪集珍冊：

此冊共十六幅，有項元汴印。（見〔石三〕㈤，頁二四九〇。）

42. 宋元集會冊(2)：

此冊共十二對幅，有項元汴印。（見〔石三〕㈤，頁二五一九。）

43. 宋元集會冊(1)：

此冊共十二對幅，有項元汴印。（見〔石三〕㈤，頁二五二一。）

44. 名畫薈珍冊：今藏〔故宮〕。

此冊共八幅。第一、厲昭慶採芝獻壽、第二、崔白秋風金鳳、第三、陳直躬竹石雙禽、第四、趙元長梅花山雀、第五、文徵明秋亭雨霽、第六、仇英柳塘春水、第七、夏昶新篁拂翠、第八、王紱小山叢竹，此冊上有項元汴印。（見〔石三〕㈥，頁二五四四；〔故錄〕，卷六頁二四六。）

45. 集古名繪冊：

此冊共十二幅。第一、李唐江干蕭寺、第二、宋人雪瀑松濤，及馬遠、王振鵬、郭熙畫，此冊上有項元汴印。（見〔石三〕㈥，頁二五四八。）

46. 列朝名繪合冊：

此冊共十八幅。第一、（宣和御押）松枝黃鸝等，此冊上有項元汴印，又有趙孟頫印、內府圖書印。（見〔石三〕㈥，頁二五五一。）

47. 宋元山水冊：

此冊共二十二幅，其中第八幅不著款山水、第九桐徑圖（無款）、第十山深林密圖（無款）、第十六歸牧圖（無款）、第十八曹知白古木寒阿圖，上有項元汴印。（見〔辛丑〕，卷二頁三八—四三。）

48. 宋元人物冊：

此冊共十六幅，其中第十五幅設色秋荷（無款），圖上有項元汴印。（見〔辛丑〕，卷二頁四六。）

49. 元明集冊：

此冊共十二幅。第三幅沈周山水，有項元汴印。（見〔辛丑〕，卷四頁五三。）

（附表Cd）墨　搨

1. 宋搨蘭亭冊：

見〔石三〕㈥，頁二七四四，有項元汴印。

2. 宋搨寶晉齋黃庭經冊：（宋搨本，四對幅半）

見（石三）㈥，頁二七五〇，有項元汴印。又有柯九思印。

3. 宋搨大觀帖：（十册）。

見（石續）㈦，頁三五六七，有項元汴印。

4. 宋搨醴泉銘册：

見（石續）㈦，頁三五七二，有項元汴印。

5. 搨定武蘭亭詩序卷：（五字未損本）。

見（石續）㈣，頁二〇七一—二〇七三。據（石續）此卷有趙子固、范仲淹、鄧襄、劉汶、蘇伯衡等十五人跋。有項元汴印與記語並標明了價格。又有項聖謨一六二一年重裝此卷的跋文。另三件搨定武蘭卷記載：（墨緣），卷二頁一〇九；（辛丑），卷一頁一—六；（辛丑），卷一頁十。其三卷上都有項元汴印。

6. 墨搨唐刻歐陽詢化度寺塔銘册：

見（墨緣），卷二頁一一八，此册曾經項墨林收藏。又有李東陽印。趙孟頫、歐陽玄、康里巎、揭傒斯等諸題識。

據以上調查表，可以看出，項氏收藏書畫之嗜好，就朝代說：最多是宋、次爲元。二代之書畫品約共五百餘件；五代以前之書畫約有五十餘件。就作者說：其收藏最多的是趙孟頫之書畫共五十八件（書四十八件、畫十件）、王蒙之畫二十件、倪瓚之畫十五件。下面簡單地列出項氏收藏重要作家作品的數目：

甲、法書

趙孟頫書四十八件
黃庭堅書十二件
蘇軾書十二件
米芾書十一件
王羲之書八件
宋高宗書六件
懷素書五件

乙、畫

王蒙畫二十件
仇英畫十八件
倪瓚畫十五件
錢選畫十二件
文徵明畫十二件
趙孟頫畫十件

沈周畫十件

宋徽宗畫八件

李公麟畫七件

劉松年畫四件

王維畫四件

從這個表可以知道他對書畫愛好之情形，同時也可知道他的鑑賞能力。以上數表中所列項氏收藏品，有一部分現藏台北故宮博物院中，我曾做了一次小統計，把它列在下邊：

（附表Ce）「故宮書畫錄」中項氏收藏書畫統計

	法書				繪畫				
	卷	軸	冊	書計	卷	軸	冊	畫計	書畫合計
六朝					1	1		2	2
晋	2			2					2
唐	1			1	2			2	3
宋	8		11	19	6	14	2	22	41
元			10	10	5	10	2	17	27
明	2			2	2	7	3	12	14
其他							17	17	17
合計	13		21	34	16	31	24	72	106

【附註】

1.本表係據「故宮書畫錄」製成。該書簡目（卷七、卷八）未著錄收藏章，致使項氏之收藏，凡列入「簡目」中者，均未能收入本表中。

2.合卷、墨搨未計入

第四節　著錄中標明價格之項氏藏品

研究古代書畫的價格，牽涉到許多其他的問題：1.必須確定作品收藏的時間、地點。2.必須弄清當時的幣制及當時度量衡的通行制度。3.要調查當時實物的價值（如米多少錢一斗、布多少錢一尺，且要弄清當時的斗、尺與現在的關係）。4.書畫價格與當時實物價格相比較，再和現行實物的價格比較；必須經過這些步驟研究，古代書畫價格的調查，才有意義。可是像以上這些問題，不是我的能力所辦到的。

我明知道自己的能力不夠，還是從著錄中，查出項元汴收藏過的書畫其中有標明價格的，包括法書十六件，畫十三件。由於沒有把前面所說的四個條件弄清，它在學術上的價值也不太大，可是它却也提供我們幾點事實：

1.法書中晉・王羲之的瞻近帖卷價格最高，是二千金；其次是唐・懷素自叙帖，值千金；再次爲唐・馮承素摹蘭亭帖卷，值五百五拾金。價格最低的是宋四賢尺牘，僅六金；次低的是宋・石延年的古松詩（十五金），再次低的是元、趙肅書母衞宜人墓誌卷（二十金）和明・王寵的書離騷幷太史太贊卷（二十兩）。高低之間相差了兩百多倍，而王羲之一件書札竟值二千金，比懷素自叙帖高一倍，可知道王羲之在那時的地位。

2.宋搨本定武蘭亭詩序，值四百二十金，而仇英漢宮春曉長卷僅二百金，趙孟堅墨蘭銀一百二十兩，五代黃筌柳塘聚禽也不過八十兩，文徵明的袁安臥雪圖卷僅十六兩；證明當時收藏家較重視法書，而法書價格較畫爲高。

3.項氏收藏的名畫中，價值最高的是仇英漢宮春曉長卷（本幅絹本，縱三〇・六公分，橫五七四・一公分），二百金；其次是趙孟堅的墨蘭和程棨摹樓璹耕作圖卷，各一百二十金。

4.當時文徵明、唐寅、仇英三人的畫的價格相差甚遠。文徵明的袁安臥雪僅十六兩，唐寅的畫嵩山十景册僅二十四兩，而仇英的漢宮春曉卷高達二百金，卽仇英的人物畫卷較文徵明的高十二三倍，雖然因仇英的漢宮春曉卷特別長，可是多少可以看出三人在當時收藏者眼中的地位。

5.下表中1趙肅書，母衞宜人墓誌卷。項氏題云：「元趙文敏公孟頫正書衞宜人墓誌卷」。按：此卷已經清高宗弘曆，考明原出孟頫從孫趙肅之手，衞宜人是趙肅的母親。2程棨，摹樓璹耗作圖卷。項元汴題云：「宋秘府收藏劉松年耕耨圖二十品」。石渠寶笈改稱爲程棨摹樓璹耕作圖，又記載此卷之「末段有劉松年贗款」。這兩幅始作僞者很可能就是項元汴。又金、武元直的赤壁圖，石渠寶笈稱朱銳作（據趙秉文的詩改稱武元直作）。這個也可能是項元汴所做的手腳，因爲明人對金元異族仍存仇恨心理，所以把它改稱，宋廸功郎朱銳畫，這種疑惑的部份，雖然沒有證據，若參考朱彝尊、王世貞等當時的人對項元汴的不恭維；詹景鳳對項元汴「爲人鄙嗇，而所收物多有足觀者，其中贋本亦半之」⒁，這樣的口氣，我的懷疑就更有可能了。

以上有關項氏收藏價格之調查、分析，由於其他條件沒有做到徹底，它的學術價值並不太高，可是如當時法書的重視；文、唐、仇三位大家畫價的差距、項元汴作僞等，都可從這些標明價格的作品中露出其內幕。

（附表Da）法書標明價格的

1.晉，王羲之，瞻近帖卷：二千金

據項元汴記語：此卷「其値二千金」。又據張覲宸記語：「萬曆四十七年（一六一九），仲秋三日，以二千金購於墨林之子元度者。」（〈石續〉㈠，頁二七九）

2.晉，王羲之，此事帖：三百金

據項元汴記語：此卷「用價五十金得於無錫安氏」，項元汴「定價三百金」。（〈式畫〉，卷六㈠頁二八八）

3.唐，馮承素，摹蘭亭帖卷：伍佰伍拾金

據項元汴記語：此卷「原價伍佰伍拾金」（〈石續〉㈢，頁一六五三）

4.唐，懷素，自叙帖卷：千金

據項元汴記語：此卷「其值千金」（〈故錄〉，卷一頁二七；〈石續〉㈤，頁二六二五）

5.宋搨定武蘭亭詩序：四百二十金

據項元汴記語：「此卷其值四百念金」（〈石續〉㈣，頁二〇七三）

6.宋，王安石，楞嚴經要旨：三十金

據項元汴記語：此卷「其值三十金」（〈式書〉，卷二㈠頁五五八）

7.宋，王著，書千文眞蹟卷：陸拾金

據項元汴記語：此卷「其值陸拾金」（〈石續〉㈤，頁二六五五）

8.宋，蘇軾，陽羨帖卷：八十金

據項元汴記語：此卷「原價八十金」（〈石續〉㈠，頁二九五）

9.元，俞紫芝，臨十七帖：三十兩

據項元汴記語：此帖「其值三十兩」（〈式書〉，卷十九㈠，頁二一五；〈江邨〉，卷一頁五八）

10.宋，石延年，古松詩：一五金

據項元汴記語：此卷「原價十五金」（〈式書〉，卷九㈠，頁四一九）

11.宋，趙孟堅，梅竹譜卷：四十二兩

據項元汴記語：此卷「原價肆拾貳兩購」（〈石續〉㈣，頁一九三四；〈式書〉，卷十五㈡，頁六〇）

12.宋四賢尺牘（王巖叟等四賢手帖）卷：六金

據項元汴記語：「此卷原值六金」（〈石三〉㈦，頁三二三七）

13.元，虞集，書虞允文誅蚊賦卷：五十金

據項元汴記語：此卷「購於無錫華氏，用價五十金」（〈石三〉㈣，頁一五九四）

14.元，趙孟頫，書蘇軾烟江疊嶂圖詩沈周文徵明補圖卷：四十兩

據項元汴記語：「原價四十兩」（〈石續〉㈡，頁五四五）

15.元，趙孟頫，書道德經卷：七十金

據項元汴記語：此卷「其值七十金」（〈式書〉，卷一六㈡，頁七八）

16.元，趙肅，書母衞宜人墓誌卷：二十金

據項元汴記語：此卷（稱爲趙孟頫書母衞宜人墓誌銘）「其值二十金」（〈石續〉㈣，頁一九七〇）

27.明，王寵，書離騷幷太史公贊卷：二十兩

據項元汴記語：項元汴跟池灣沈氏討價「銀十五兩」，但是項氏買此卷的時候「加五兩共廿兩」（〈式書〉，卷二六㈢，頁四三二一）

（附表Db）繪畫標明價格的

1.唐，尉遲乙僧，畫蓋天王圖卷：四十金
據項元汴記語：此卷「其值四十金」（〈式畫〉，卷八㊂，頁三五八；〈清河〉，卷寅頁三五）

2.宋，黃筌，柳塘聚禽圖卷：八十兩
據項元汴記語：此卷「原價八十兩」（〈石續〉㊄，頁二六四四）

3.宋，游昭，春社醉歸圖：二十兩
據項元汴記語：此卷「原二十兩」（〈辛丑〉，卷二頁二三）

4.宋，趙孟堅，畫墨蘭：銀一百二〇兩
據項元汴記語：此卷「原價銀一百二十兩」（〈石三〉㊁，頁九六九）

5.宋，錢選，山居圖卷：三十金
據項元汴記語：此卷「原價三十金」（〈石續〉㊅，頁三二〇二）

6.宋，錢選，梨花圖卷：十兩
據項元汴記語：此卷「原價十兩」（〈辛丑〉，卷四頁二）

7.元，趙孟頫，甕牖圖卷：五十兩
據項元汴記語：此卷「原價五十兩」（〈故錄〉，卷四頁一一〇；〈石初〉㊦，頁一〇〇三）

8.元，趙雍，竹西草堂圖卷：二十兩

據項元汴記語：此卷「用價廿兩」購（〔石續〕(二)，頁九九三；〔江邨〕，卷一頁六七）

9.明，文徵明，袁安臥雪圖卷：十六兩

據項元汴記語：此卷「原價十六兩」（〔辛丑〕，卷五頁四四）

10.明，仇英，漢宮春曉卷：二百金

據項元汴記語：此卷「值價二百金」（〔故錄〕，卷四頁一八四）

11.明，馬琬，幽居圖卷：二十金

據項元汴記語：此卷「其值念金」（〔石續〕(一)，頁三七九）

12.明，唐寅，畫嵩山十景冊：二十四金

據項元汴記語：此卷「計原值二十四金」（〔故錄〕，卷六頁四二；〔石初〕(上)，頁七六五）

【附　註】

① 昇那志良，「鉢印通釋」，頁一〇二：台北，一九七〇。

② 見「韻石齋筆談」(下)，頁二七。

③ 見「藝文叢輯」，第十八編，頁七三。

④ 姜一涵「元內府之書畫收藏」(上)，頁二七。

⑤ 據潘光旦，「明清兩代嘉興的望族」，頁四四：「項氏以明末葉及明清之交最爲繁榮；當時海內的收藏家與賞鑒家，必推項氏爲第一。」

⑥ 俞劍華，「中國繪畫史」（下册），頁一四七：云「此書（項德新之「歷代名家書畫題跋」）著錄百有六種，書多於畫，間有碑帖，全偏重題跋，故僞蹟眞跋者亦仍采入，而編次又不盡按時代，又不分類，眉目不清，似未定之稿。」

⑦ 參見本論文第一章註解⑨。

⑧ 參見附表Ca76；「項元汴千文編號書畫目考」，頁一七〇。

⑨ 參見附表Bb。

⑩ 參見「韻石齋筆談」，卷下頁二七；「項子京及其印章」，頁二二。

⑪ 以上所擧高居翰等之工具書，其原書名及出版地點、時間如下：(1) James Cahill, An Index of Early Chinese Painters and Paintings T'ang, Sung, and Yuan.「中國古畫索引」: University of California, 1980. (2) E.J.Laing, An Annotated Bibliography and An Index to the Paintings: Ann Arbor, Michigan. 1969. (3) Kwan S. Wong, Masterpieces of Sung and Yuan Dynasty Calligraphy from the John M. Crawford Jr. Collection: China House Gallery, China Institute in America. New-York, 1981. (4) Wen Fong ang Maxwell K. Hearn, Silent Poetry, Chinese Paintings in the Douglas Dillon Galleries: The Metropoliton Museum of Art, 1981/82. (5) 鈴木敬，海外所在中國繪畫目錄：日本，一九七七年。(6) 鈴木敬，中國繪畫總合圖錄（Comprehensive Illustrated Catalog of Chinese Paintings）：日本，一九八二。(7) 陳仁濤（一九〇六－一九六八），故宮已佚書畫目校註：香港，一九五六。

⑫ 遼寧省博物館藏畫集：北京，一九六二，文物出版社。

⑬ Betty Tseng Yu-ho, Emperor Hui Tsung, The Artist P.276, PP.373-374: New York University, 1972.

⑭ 參見第二章註㊿。

第五章 結論

項元汴所藏書畫的流傳，原是本書計劃中的一章，但因爲參考資料不足，搜羅無法完備，我們深信收藏家對於文物保存有極大的貢獻；換句話有些名貴書畫，要不是經過項氏收藏，現在可能早失落了，所以儘管朱彝尊等對他有很刻薄的批評，從保存歷史文物的觀點看，項氏一家仍是值得後人敬佩的對象。

項元汴的書畫收藏，在他生前可能已經脫手了一部份，死後其藏品可能有大部份仍在他六個兒子手中，後來傳到他的孫子項聖謨手裡。在我的調查表Ca—Cd中有項元汴子孫收藏印記的都特別說明，此外汪砢玉、陳繼儒、董其昌的著作中都曾提到項氏收藏品轉移的情形①。據姜紹書在「韻石齋筆談」中說，到了順治二年乙酉（一六四五）清軍南下項家收藏，幾全數爲千夫長汪六水所掠，以後又散落各處②。又據項聖謨「三招隱圖」的自題裏說：「……明年夏，自江以南，兵民潰散，戎馬交馳，於閏六月廿有六日，禾城旣陷，劫火熏天。余僅孑身負母並妻子遠竄，而家破矣，凡余兄弟所藏祖君之遺法書名畫，與散落人間者，半爲踐踏，半爲灰燼。」③可知項氏的收藏因爲國變而遭悲慘的下場，後來這些散落的項氏書畫，一部份陸續流入清宮，一部份爲安岐（一六八三—約一七四四以後）所得，安岐卒後，他的大部份收藏也流入了清內府，如今仍藏於台北故宮博物院的，爲數約共百餘件。其中最珍貴的法書有：王羲之、孫過庭、褚遂良、懷素、歐陽詢、顏魯公、楊凝式、蘇軾、黃庭堅、蔡襄、米芾、趙孟頫等大家之書；名畫則有：武元直赤壁圖、仇英漢宮春曉圖、吳鎮洞庭漁隱圖、趙孟頫鵲華秋色圖等舉世聞名的鉅蹟。

在前言中曾提到書畫收藏在藝術史上的價值，並略舉歷代公私收藏對歷史文物保存、傳播所作的貢獻，以及對藝術家創作時所提供的實質幫助。此外，書畫收藏也促使欣賞和鑑定形成一種學問。在傅申的「鑑定研究」中，特提出先「賞」後「鑑」的主張，他認爲要鑑定眞僞，一定先會欣賞，由欣賞而愛好，由愛好而收藏；有了收藏自然就會留意眞僞的鑑定，優劣的品評④。這是一貫的發展，也是收藏對藝術史所產生的刺激作用；但本書的主要目的在調查項氏的收藏，由於這一工作，已佔了很多篇幅，同時因爲許多作品，未能見到原蹟，所以對於項氏收藏之書畫優劣之品評，眞僞之鑑定就沒法顧及了。這一缺點希望將來慢慢補救。

【附註】

① 參見第三章，註㉔、㉙、㊳、；「珊瑚網」卷十八頁二十六。汪砢玉跋項氏畫。

② 見「韻石齋筆談」，卷下頁二八。

③ 參見第二章註①

④ Marilyn and Shen Fu, Studies in Connoisseurship (II, Issues in Connoisseurship Understanding the music and Eating With onc's ears , P. 17, Princeton, 1974 .

引用及參考書目

一、中日文部份（依著者或編者姓氏筆劃排列；無著者編者則以書名首字計）。

甲、史料

王世貞　名卿續記　「百部叢書集成」本（台北，藝文印書舘，以下簡稱「百叢」）

王世貞　弇州山人稿　「四庫全書珍本」（台北商務印書舘，以下簡稱「四庫」）

王世貞　弇州山人續稿（一五七七刋本「四庫」）

方薰　山靜居畫論　「藝術叢編」第十五册（台北，世界書局，一九六二，以下簡稱「藝叢」）

方濬頤　夢園書畫錄（「中國畫論彙編」：台北、京華、一九七二，以下簡稱「彙編」）

文嘉　鈐山堂書畫記　一五六九刋本

卞永譽　式古堂書畫彙考　一六八二刋本（台北　正中書局　影印本）

石渠寶笈初編　一七四五清宮本　台北　故宮博物院　一九七一影印

石渠寶笈續編　一七九三清宮本　台北　故宮博物院　一九七一影印

石渠寶笈三編　一七一六清宮本　台北　故宮博物院　一九六九影印
秘殿珠琳初編　一七四四清宮本　台北　故宮博物院　一九七一影印
秘殿珠琳續編　一七九三清宮本　台北　故宮博物院　一九七一影印
秘殿珠琳三編　一八一六清宮本　台北　故宮博物院　一九七一影印
安岐　墨緣彙觀　一七四二刋本　（「藝叢」第十七册）
汪砢玉　珊瑚網書錄　一六四三刋本
李玉棻　甌缽羅室書畫過目考　一八九四刋本（台北、漢華文化出版公司「藝術賞鑑選珍」以下簡稱「藝珍」）
李日華　六硯齋筆記
李佐賢　書畫鑑影　一八七一刋本　（「藝珍」本）
吳升　大觀錄　一七一二序言　（「藝珍」本）
吳修　靑霞館論畫絕句　一八二四序言　（「藝叢」本）
吳榮光　辛丑銷夏記　一八四一刋本　（「藝珍」本）
朱彝尊　明詩綜
朱彝尊　曝書亭書畫跋　（「藝叢」本）
朱存理　鐵網珊瑚　一六〇〇附錄　（「藝珍」本）

朱景玄　唐朝名畫錄　（台北、藝文印書館、「美術叢書」本，以下簡稱「美叢」）
阮元　石渠隨筆　（台北　廣文書局　筆記續編　一九六九）
金粱　盛京故宮書畫錄　一九一三序言　（「藝叢」本）
明史　百衲本　（台北　商務　一九六二）
佩文齋書畫譜　（台北　新興書局　一九七一　以下簡稱「佩譜」）
周密　雲煙過眼錄　（「百叢」本）
姜紹書　無聲詩史　（台北　文史哲出版社　「畫史叢書」，以下簡稱「畫史」）
姜紹書　韻石齋筆談　（「藝叢」本）
徐沁　明畫錄　（「畫史」本）
徐康　前塵夢影錄　（「藝叢」本）
姚隔恆　好古堂家藏書畫記　一七〇七刋本　（「藝叢」本）
高士奇　江邨銷夏錄　一六九三刋本　（「藝珍」本）
唐樞　國琛集　（「百叢」本）
袁　皇明獻實　（台北　文海出版社　一九七〇影印本）
夏文彥　圖繪寶鑑　一三六五序言　（「畫史」）
翁方綱　天際烏雲帖考　（「藝叢」本）

華夏　華氏眞賞齋賦注　（「佩譜」卷九八）
莫是龍　畫說　（「彙編」本）
郭若虛　圖畫見聞志　（「藝叢」本）
梁章鉅　退菴金石書畫跋　一八四五刋本　（「藝珍」本）
秦祖永　桐陰論畫　一八八一刻本
許瑤光　嘉興府志　一八七九刋本　（台北　成文出版社　一九七〇影印本）
屠隆　考槃餘事　（「藝叢」本）
都穆　鐵網珊瑚　（「藝珍」本）
都穆　寓意編
張庚　國朝畫徵錄　（台北　新興　一九五六排印本）
張丑　清河書畫舫　一六一六序言　（台北　學海出版社　一九七五影印本）
張廷濟　儀閣雜詠　（「藝叢」本）
張彥遠　歷代名畫記　（「畫史」本）
黃休復　益州名畫錄　一〇〇六序言
陸時化　吳越所見書畫錄　（一八七九懷烟閣活字板本）
陳焯　湘管齋寓賞編　一七六二序言　（「藝叢」本）

陳繼儒　妮古錄　（「藝叢」本）
陳繼儒　眉公書畫史　（「美術叢刋」　台北　中華叢書編委會　一九六四）
馮夢禎　快雪堂集
葉公綽　清代學者象傳　（台北　文海　一九六九影印本）
項德純　書法雅言　（美術叢刋」本）
斐景福　壯陶閣書畫錄　（台北　中華書局　一九七一）
董其昌　畫禪室隨筆　（台北　廣文　一九六八影印本）
董其昌　容臺集　（一六三〇陳繼儒序言）
詹景鳳　詹氏玄覽編　（「藝珍」本）
詹景鳳　東圖玄覽編附錄　（「美叢」本）
過庭訓　本朝分省人物考　（台北　成文影印本）
韓泰華　玉雨堂書畫記　一八五一序言　（「藝叢」本）
竇鎮　清朝書畫家筆錄　一九一一校印本　（「藝叢」本）
潘世璜撰　須靜齋雲煙過眼錄　（「藝叢」本）
謝赫　古畫品錄　（「藝叢」本）
謝堃　書畫所見錄　（「藝叢」本）

龐元濟　虛齋名畫錄　（「藝珍」本）

乙、近人論著　（包括專書及論文）

江兆申　雙谿讀畫隨筆　（台北　故宮　一九七七）
江兆申　關於唐寅的研究　（台北　故宮　一九七六）
江兆申　文徵明與蘇州畫壇　（台北　故宮　一九七七）
故宮博物院元四大家　（台北　故宮　一九七五）
那志良　鉩印通釋　（台北　商務　一九七〇）
那志良、莊嚴　晉唐以來書畫家鑑藏家款印譜　（香港　一九六九）
那志良　項子京及其印章　（大陸雜誌，十三卷八期，頁二五八—二六二）
俞劍華　中國繪畫史　（上海　商務　一九七〇）
姜一涵　元代奎章閣及奎章人物　（台北　聯經出版事業公司　一九八〇）
姜一涵　元內府之書畫收藏　（故宮期刊，第十四卷二期、三期，一九七九—八〇）
翁同文　藝林叢考　（台北　聯經　一九七七）
翁同文　項元汴千文編號書畫目考　（台北，東吳大學「中國藝術史季刊」第九卷頁一五五　一九七九）
徐邦達　古書畫鑑定概論　（台北　學海　一九八二）

莊嚴　山堂清話　（台北　故宮　一九八〇）
莊申　中國畫史研究續集　（台北　正中　一九七三）
陳葆眞　古代畫人談略　（台北　故宮　一九七九）
陳葆眞　陳淳研究　（台北　故宮　一九七八）
葉昌熾　藏書紀事詩　（上海　古典文學出版社　一九五八）
傳抱石　明末民族藝人傳　（台北　文史哲　一九七四）
傅申　元代皇室書畫收藏史略　（台北　故宮　一九八一）
鄭昶　中國畫史全史　（上海　中華　一九二九）
謝稚柳、張珩、羅福頤　中國書畫鑑定研究　（香港　南通　一九七四）

丙、工具書

中央圖書館編　明人傳記索引　（一九六六　文史哲　一九七八重印）
中國美術家人名辭典　（台北　文史哲　一九八二）
余紹宋　書畫書錄解題　（台北　中華　一九六九）
南承祚、黃華　中國歷代書畫篆刻家字號索引　（台北　文史哲　一九七四）
姜亮夫　歷代人物年里碑傳綜表　（台北　華世出版社　一九七六）
故宮書畫錄　台北　故宮　一九六五

徐邦達　宋元明清書畫家年表（台北　文史哲　一九七五）
陳仁濤　故宮已佚書畫目校注（香港　一九五六）
陳垣　二十史朔閏表（台北　藝文　一九五八）
楊家駱　叢書大辭典（台北　一九六七）
孫豁公　中國畫家人名大辭典（上海　神州國光社　一九三四　台北　東方　一九七一　再版）
鈴木敬　海外所在中國繪畫目錄（日本　東京大學東洋文化研究所　一九七七）
福開森　歷代著錄畫目（台北　中華　一九六八）

丁、畫蹟影印本

中國名畫（一—二四集）（上海　有正書局　一九二〇—一九二二）
中國文物　第三期（北平　一九八〇）
中國書畫（台北　光復　一九八一）
李崇賢　書畫題跋錄（台北　學海　一九七一）
故宮名畫三百種（台北　故宮　一九五九）
故宮藏書解題（台北　故宮　一九六八）
故宮歷代法書全集（台北　故宮　一九七六）
故宮書畫簡輯（台北　故宮）

有正書局編　中國名畫（一—二四集）（上海　有正　一九二〇—一九二三）
河井荃廬等編　支那南畫大成（東京　興文社　一九三五—一九三七）
晉王羲之墨跡　故宮法書第一輯（台北　故宮　一九六二）
徐邦達　中國繪畫史圖錄（上海　一九八一年十一月）
張大千　大風堂名蹟　第一集（台北　一九七八）
馮承素蘭亭叙（台北　文林筆墨莊　一九八一）
智永正草千字文眞蹟（台北　漢華　一九七三）
懷素苦筍帖（台北　學海　一九七六）
鈴木敬編　中國繪畫總合圖錄（日本　東京大學　一九八二）
傅申　古原宏伸編　董其昌的書畫（日本　東京二玄社　一九八一）
劉海粟　晉唐宋元明清名畫大觀（上海　中華　一九三六）
藝苑掇英　第十五期（上海　一九八二）
遼寧省博物館藏畫集（北平　文物出版社　一九六二）

二、英文書目

Beurdeley, Michel. The Chinese Collector Through The Centuries: From The Han to the 20th Century Trans. by Diana Imber. Rutland, Vt.: Charles E. Tuttle, 1966

Bushell, Stephen W. Chinese Porcelain, Sixteenth Century Colored Illustrations with the Chinese Manuscript Text by Hsiang Yuan-pien, 1908.

Betty Tseng Yu-ho, Emperor Hui Tsung, The Artist。Ph. D。Dissertation, New York University, 1972.

Cahill' James。Fantastics and Eccntrics in Chinese Painting. New York: Asia Society, 1967.

Cahill, James. The Restless Landscape: Chinese Painting of the Late Ming Period. Berkeley, Calif. : University Art Museum, 1971.

Cahill, James. " Wu Pin and His Landscape Painting. " Proceedings of the International Symposium of chinese Painting. Taipei : National Palace Musenm, 1970.

Caill' James. An Index of Early Chinese Painters and Paintings T'ang, Sung, and Yuan. University of California Press' 1980.

Contag, Victoria, and Wang, Chi-ch'ien。Seals of Chinese Painters and Collectors of the Ming and Ch'ing Periods。Rev. eb, Hong Kong: Hong kong University

Press' 1966.

Fong, Wen. and Hearn, Maxwell K. Silent Poetry: Chinese Paintings in the Douglas Dillon Galleries, The Metropolitan Museum of Art, 1982.

Fu, Marilyn and Shen, Studies in Connoissuership. Princeton, 1974.

Hummel, Arthur W. Eminent Chinese of The Ch'ing Period, 1943.

Jan Fontein and Tung Wu, Unearthing China's Past: Museum of Fine Arts, Boston, 1973.

Kuo Pao-Ch'ung and John C. Ferguson, Noted Porcelains of Succesive Dynasties with Comments and Illustrations by Hsiang Yuan-pien, 1931.

Laing, E. J。Chinese Paintings in Chinese Publications, 1956-1958: An Annotated Bibliography and Index to the Paintings. Michigan Papers in Chinese Studies, No. 6. Ann Arbor, Michigan: Center for Chinese Studies, University of Michigan, 1969.

Laing, E. J. Chiu Ying's Three Patrons: Ming Studies, 8: 49-56 (spring 1979.)

Lee, Sherman E. Chinese Landscape Painting, Revised Edition. New York: Icon Editions Harper & Row, Publishers, 1980.

Lovell, Hin-Cheung. An Annotated Bibliography of Chinese Painting Catalogues and Related Texts. Ann Ardor, Center for Chinese Studies The University of Michigan, 1973.

Li, Chu-tsing. " Hsiang Sheng-mo's Poetry and Painting on Eremetism ". Proceedings of The Symposium on Paintings & Calligraphy by Ming I-min, The Journal of The Institute of Chinese Studies The Chinese University of Hong Kong, Vol. VIII No.2, 1976.

R. H. van Gulik, Chinese Pictorial Art as Viewed by The Connoisseur, 1958. Reprinted by Southern Materials Center, Inc. Taipei, 1981.

Rowley, George. Principles of Chinese Painting. Rev. ed. Princeton, New Jersey: Princeton University Press, 1959.

Sickman, Laurence and Soper, Alexander. The Art and Architecture of China. and ed. Harmondsworth, Middlesex: Penguin Books, 1960.

Sickman, Laurence, ed. Chinese Calligrphy and Painting in the Collection of John M. Crawford, Jr. New York: Pierpont Morgan Library. 1962.

Siren, Osvald. Chinese Painting: Leading Masters and Principles. 7 vols. New

York: Ronald Press, 1956-58.

Sullivan, Michael. An Introduction to Chinese Art. Berkeley: University of California Press, 1961.

Wai-kam Ho, Sherman E. Lee, Laurence Sickman, Marc F. Wilson. Eight Dynasties of Chinese Painting: The Collections of the Nelson Gallery-Atkins Museum, Kansas City, and The Cleveland Museum of Art, Published by The Cleveland Museum of Art, 1980.

Wong, Kwan S. and Wilson, Marc F. Friends of Wen Cheng-ming: a View from the Crawford Collection, New York: China House Gallery; China Institute in America. 1974-1975.

Wong, Kwan S. Hsiang Yuan-Pien and Suchou Artists, University of Kansas. 1981.

Wong, Kwan S. Masterpieces of Sung and Yuan Dynasty Calligraphy from the John M. Crawford Jr. Collection, New York: China House Gallery; China Institute in America, 1982.

〔附錄一〕 項元汴收藏大事年表

一五二五年（嘉靖乙酉）六月八日項元汴生（據文嘉爲項元汴畫山水圖識語，見本論文第三章）。

一五四〇年（嘉靖庚子）九月望日，跋唐寅秋風紈扇圖（見虛齋名畫錄，卷八頁三—四）。

一五四二年（壬寅）春仲，又跋唐寅紈扇圖（同上）。

一五四二年項元汴自畫仿黃筌花卉卷（見「宋元明清書畫家年表」，頁一八一）。

一五四四年（嘉靖二十六）項元汴之父項詮卒。

一五四七年（嘉靖二十六）仲冬，仇英爲墨林製臘梅水仙圖（見「式畫」 卷七㈢頁三二九；「大觀錄」，卷二〇頁六二）。

一五四七年（嘉靖二十六），仇英臨宋元六景册於博雅堂（見「故錄」，卷六頁四三） 一五七〇年項元汴裝褫此卷並跋（見本表一五七〇年下）。

一五四九年（嘉靖二十八），裝褫游昭春社醉歸圖並跋（見「辛丑」，卷二頁二三）。

一五五〇年（嘉靖庚戌）閏月二十三日，觀趙孟頫二體千文並跋（見「式書」，卷十六㈡頁七八）。

一五五一年（嘉靖三〇）六月購錢選梨花卷於錢塘張都閫處並跋（見「辛丑」，卷四頁三）。

一五五二年（嘉靖三十一）春三月上裝褫沈周韓愈畫記卷並跋（見「石續」㈡，頁一〇二七）。

一五五二年（嘉靖三十一）春，購張即之書李衎墓誌銘卷於崑山周六觀堂並跋（見「石三」㈣，頁一
五一一）。
一五五三年（嘉靖三十二）二月，購王寵書離騷幷太史公贊卷於池灣沈氏並跋（見「式書」，卷二六
㈡頁四三二）。
一五五五年（嘉靖乙卯）正元日，重跋王寵書離騷幷太史公贊卷（同上）。
一五五六年（嘉靖三十五）二月，裝裱文徵明袁安臥雪圖卷並跋（見「辛丑」，卷五頁四四）。
一五五六年（嘉靖三十五）秋日，購張雨自書詩帖册於吳趨文衡山家並跋（見「石續」㈠，頁三六六）。
一五五六年（嘉靖三十五），裝裱石延年古松詩並跋（見「式書」，卷九㈠頁四一九）。
一五五七年（嘉靖三十六）春既望，得吳鎮竹譜並題卷於吳門文氏（可能爲文徵明）並跋（見「式畫」。
卷十九㈣頁二一八）。
一五五七年（嘉靖三十六）中秋，購趙孟堅梅竹譜卷於吳江史明古孫裝裱並跋（見「石續」㈣，頁一
九三四；「式書」，卷十五㈡頁六四）。
一五五七年（嘉靖三十六），購燕文貴秋山蕭寺圖卷於吳門王文恪家並跋（見「石續」㈤，頁二六六
九）。
一五五八年（嘉靖三十七）次兄項篤壽舉人。
一五五八年（嘉靖三十七）九月廿有三日，文彭爲項元汴跋宋度宗手勅卷（見「石三」㈢，頁一三七

二）。
一五五八年（嘉靖三十七），跋趙孟頫書道德經上、下合卷（見「秘初」，頁一七八）
一五五九年（嘉靖三十八）春二月，購趙孟頫書蘇軾烟江疊嶂圖詩，沈周、文徵明補圖卷於錢塘丁氏（見「石續」㈡，頁五四五）。
一五五九年（嘉靖己未）仲夏十一日，跋揭傒斯自書詩草（見「石三」㈦，頁三〇八六）。
一五五九年（嘉靖三十八）秋八月，重裝裱趙孟頫甕牖圖卷並跋（見「石初」(下)，頁一〇〇三；「故錄」，卷四頁一一〇）。
一五五九年（嘉靖三十八），購蘇文忠公書嵩陽居士帖於松陵史氏並跋（天際烏雲帖考，卷一頁一〇）
一五五九年（嘉靖三十六）文彭為項元汴書「採蓮曲」（見「故錄」，卷四頁一八二）。
一五五九年（嘉靖三十八）文彭為項元汴跋「懷素書老子清靜卷」（見「秘初」，頁一七二）。
一五六〇年（嘉靖三十九）春日，購虞集書虞允文誅蚊賦卷於無錫華氏並跋（見「石三」㈣，頁一六〇〇；「式書」，卷十八㈡頁一六五）。
一五六二年（嘉靖四十一）次兄項篤壽中進士。
一五六二年（嘉靖四十一）春季，購俞和雜詩卷於無錫安桂坡孫仲泉處並跋（見「式書」，卷十九㈡頁二一四）
一五六二年（嘉靖四十有一載）仲秋既望，跋宋高宗賜岳飛批答卷（見「石三」㈠，頁四七八）。

一五六二年（嘉靖四十一）秋八月，得宋太宗書蔡行勅卷於鄞中范氏並跋（見「石初」(下)，頁八八〇）
一五六四年（嘉靖四十三）春，購米芾苕溪詩於陸冢宰家裝裱並跋（見「石初」(上)，頁五三一）。
一五六四年（嘉靖四十三）跋王羲之平安、何如、奉橘帖（圖見「故宮歷代法書」第一輯頁二三）。
一五六六年（嘉靖四十五）冬日，購楊宗道臨各帖卷於洞庭王文恪家並跋（見「辛丑」，卷四頁四九）
一五六九年（隆慶三）八月朔日，跋王羲之此事帖（見「式書」，卷六㈠頁二八〇）。
一五七〇年（隆慶庚午）仲春，裝裱仇英臨宋元六景册並跋（見「故錄」，卷六頁四三）。
一五七〇年（隆慶庚午）春二月，跋趙雍畫面壁圖軸（見「秘初」，頁一三七）。
一五七〇年（隆慶庚午），購褚奐臨詛楚文册於吳趨並跋（見「石續」㈠，頁三五七）。
一五七〇年（隆慶庚午），重裝懷素書老子清靜經卷於幻浮齋（見「秘初」，頁一七二）。
一五七一年（癸未）孟夏望前二日，跋楊凝式夏熱帖（見「式書」，卷八㈠頁三九九）。
一五七二年（隆慶壬申）春王正月，跋蘇軾陽羡帖卷（見「石續」㈠，頁二九五）。
一五七二年（隆慶六）長兄項元淇卒。
一五七三年（萬曆元年）仲秋望前九日，跋趙孟頫書心經册（見「秘初」，頁四八）。
一五七四年（萬曆二年）孟秋朔，得張即之書遺志覺上人金剛經并跋於吳趨陸氏（見「式書」，卷十五㈡頁五八）。
一五七五年（萬曆三年）四月十一日，文嘉爲項元汴跋趙孟頫高上大洞玉經卷（見「式書」，卷十六

㈡頁七八）。

一五七六年（萬曆丙子）春仲，得僧法常花卉翎毛卷於武陵丁氏並跋（見「石初」(下)，頁九九〇）。

一五七七年（丁丑）夏六月，跋趙孟堅畫墨蘭（見「石三」㈡，頁九六九）。

一五七七年（萬曆丁丑）孟秋七月，跋馮承素摹蘭亭帖卷，又文嘉跋於同年七月三日（見「石續」㈢，頁一六五三）。

一五七七年（萬曆丁丑）八月朔，重裝馬琬幽居圖卷並跋（見「石續」㈠，頁三七九）。

一五七八年（萬曆戊寅）孟秋，七月廿又四日，跋龔開駿骨圖卷（見「石續」㈥，頁三一九一）。

一五七八年（萬曆戊寅）項元汴自畫「山水畫幷詩書」（見「大風堂名集」第一集頁二七）。

一五七八年（萬曆戊寅）六月八日，文嘉爲項元汴畫山水圖賀其生日（見本文第三章第三節，一，㈠）

一五七九年（萬曆七）秋日，重裝俞紫芝和臨十七帖並跋（見「式書」，卷十九㈡頁二一五；「江邨」，卷一頁五）。

一五八〇年（萬曆八）九月廿又五日，畫倣蘇軾壽星竹幷自識軸（見「石續」㈣，頁二〇〇八）。

一五八二年（萬曆十）冬至日，跋尉遲乙僧天主像卷（見「式書」，卷八㈢頁三五八；「清河」，卷寅頁二二；莊申，中國畫史研究續集）。

一五八二年（萬曆十）仲冬八日，跋吳彩鸞書唐韻册（見「故錄」，卷三頁五）。

一五八三年（萬曆十一）夏日，書臨懷素千字文（見「退菴所藏金石書畫跋」，卷八頁二十四）。

一五八四年（萬曆十二）侄項德裕（元淇子）倣米芾山水（「石初」(上)頁四九九）。

一五八六年（萬曆十四）次兄項篤壽卒。

一五八六年（萬曆十四）侄項德楨（篤壽之子）中進士。

一五八九年（萬曆十七）畫山迴松深圖（見「宋元明清書畫家年表」，頁一八一）。

一五九〇年（萬曆十八）秋日，畫枯木竹石册（見「石初」(上)，頁四九九）是年項元汴逝世。

一五九三年（萬曆二十一）侄項德裕（元淇子）題項元汴畫「荆筠圖」（「式畫」卷二九㈣頁五二一）

一五九五年（萬曆二十三）陳繼儒在項元汴第五子項德宏家看到「懷素千字文册」及蘇軾等宋名家書帖二十三件，與馬遠梅花册二十六幅（見「妮古錄」卷一）

一五九五年（萬曆二十三）六月初四日，陳繼儒觀項德新收藏名蹟十一幅（見「陳眉公書畫史」）

一五九七年（萬曆二十五）孫項聖謨生。

一五九八年（萬曆二十六）長子項德純作「元旦詩帖」（見「式書」卷二七㈡頁四八四）

一六〇一年（萬曆二十九）第三子項德新作「寒林清溪」（見嘉龍仁「中國各畫」第七册頁一八九）

一六〇二年（萬曆三十）董其昌跋曾項元汴所藏的趙孟頫「鵲華秋色圖」（見「故錄」，卷四頁二三七；圖見「董其昌的書畫」(Ⅱ40)）

一六〇四年（萬曆三十二）董其昌在項氏家見過王詵「瀛山圖」（見「故錄」，卷四頁二三七）

一六〇四年（萬曆三十二）陳繼儒觀項夢原收藏王詵「瀛山圖」及宋元明名蹟六件，仇英倣宋人花鳥山水畫册一百幅（見「陳眉公書畫史」）

一六一二年（萬曆四十）侄項夢原（篤壽次子）中舉人

一六一九年（萬曆四十七）侄夢原中進士

一六一九年（萬曆四十七）中秋後三日項元汴五子項德宏將「王羲之瞻近帖」售予張覲宸得兩千金（見「石續」㈠頁二八〇）

一六二二年（天啓二）孫項聖謨作「蘭譜卷」（見「明清畫家印鑑」頁三九〇）

一六二三年（天啓三）第三子項德新卒（見本文第二章第一節，三，㈢）

一六二五年（天啓五）董其昌題項聖謨畫册（見「好古堂家藏書畫記」卷下頁三五）

一六二六年（天啓六）孫項聖謨作「招隱圖詠卷」（見「項聖謨之招隱詩畫」）

一六二六年（天啓六）孫項聖謨作「天香書屋圖」（見「墨緣」卷四頁二〇一）

一六二六年（天啓六）陳繼儒跋項聖謨招隱圖卷（見「項聖謨招隱詩畫」）

一六二七年（天啓七）李日華跋項聖謨招隱圖卷（見「項聖謨招隱詩畫」）

一六三一年（崇禎四）李日華跋「項聖謨臨韓滉五牛圖」（見「石續」頁一四七三）

一六三四年（崇禎七）從孫項聲國（德楨次子）中進士

一六三五年（崇禎八）子月，董其昌爲項元汴撰墓誌銘（見本文第三章第三節，一，㈢）

一六四四年（崇禎十七）孫項禹揆跋項元汴收藏「仇英所畫獨樂園圖幷文徵明書記」（見「須靜齋雲

煙過眼錄」）

一六四五年（順治二）從孫項聲國將「萬歲通天帖」救出（見「曝書亭書畫跋」書萬歲通天帖舊事）

一六四五年（順治二）「項氏累世之藏，盡爲千夫長汪六水所掠，蕩然無遺」（見「韻石齋筆談」卷下頁二八）

一六五二年（順治九）項聖謨題項元汴「善才頂禮軸」（見「故錄」卷五頁四二六）

一六五七年（順治十四）孫項聖謨作寒林雪色圖（見嘉龍仁「中國畫」第七册頁一八八）

一六五八年（順治十五）孫項聖謨卒

〔附錄二〕　董其昌撰並書項元汴墓誌銘原文

乙亥（崇禎八、一六三五）・八十一歲

紙本・行楷書　一卷　二七・〇×五四三・〇cm　東京國立博物館藏

明故墨林公墓誌銘。陶隱居論書曰、不爲無益之事、何以悅有涯之生。世無達人、鮮知其解、其在檇李・項子京乎。公蒙世業、富貴利達、非其好也。盡以收金石遺文圖繪名蹟。凡斷幀隻行、悉輸公門、雖米芾之書畫船、李公麟之洗玉池、不啻也。而世遂以元章・伯時、目公之爲人、此何足以知公。元章論書、以端明爲畫字、蔡卞爲得筆。伯時故遊蘇門、蘇助之羽翅。黨事起、尋負之。一死一生之際、豈有達人之觀哉。子京夷然大雅、自遠權勢。所與遊、皆風韻名流、翰墨時望。如文壽承・休承・陳淳父・彭孔嘉・豐道生輩、或把臂過從、或遺書問訊。淡水之誼、久而彌篤。此外則寧狎飛鳧、弗親軒蓋。郡守某、以年舊請見。雖復倒屣、殊乖鑿坏、爲數日不怡、其介特如此。先是吳中好古之家、浸尋疲于勢要搜括。公以翰墨徜徉、章厥世、不爲他嗜、以故廉者不求。貧者不顧、人以是服遠識。繇斯以觀公之賢於元章・伯時、不已多乎。公名元汴、字子京、項之先、汴人也。以扈宋居秀胥山里、爲甲族。自襄毅公以來、七葉貴盛。有以孝廉令長葛者、曰綱。綱生贈吏部郎・詮。詮有丈夫子三人。長、上林丞・元淇。次、東粵少參・篤壽。公其季也。少而穎敏、十歲屬文。不難究其家學。已念贈公旣背養、而太宜人苦節。即仲致身王塗、不遑將母。吾寧以靑氈故、重遠子舍乎。於是絕意帖括、顓奉太宜人色養。親自浣滌、終身孺慕。少參公忠孝大節、公有助焉。公居恒以儉爲訓、被服如寒畯如野老。婚嫁讌會、諸所經費、皆有常度。至於贍族賑窮、緩急非罪、咸出人望外曰、吾自爲節縮、正有所用之也。戊子歲大祲、饑民自分溝壑、不恤扞網。公爲損廩作糜、所全活以巨万。郡縣議且上聞、牢讓不應、終不以爲德。市閭巷聲、有司益重之。公雖蚤謝呫嗶、謂祖父遺經、堂構斯在。不欲令子弟、亦知達生之趣。有六子、各受一經 嚴爲程課、猶子孝廉・夢原、六齡失母、鞠誨備至、孝廉蔚爲名儒、而諸子彬彬、皆不愧王謝家風云。公畫山水、學元季黃公望、倪瓚、尤醉心於倪、得其勝趣。每作縑素、自題韻語。書法亦出入智永・趙吳興、絕無俗筆。人爭傳購。初稱墨林居士、皇甫子循作墨林賦、以貽之。晚年意在禪悅、與野納遊。因感異夢、更顏其齋爲幻浮、且手題榜楷、比於司空表聖之誌生壙者、詢稱達人矣。憶予爲諸生時、游檇李。公之長君・德純、實爲夙學、以是日習於公。公每稱舉、先輩風流、及書法繪品、上下千載、較若列眉。余永日忘疲、即公亦引爲同味、謂相見晚也。公與配錢孺人、歿數十年。而次君・德成、圖公不朽、屬余以金石之事。余受交公父子間、不可不謂知公者。何敢以不文辭。他若生卒姻婭之詳、子姪曾玄之屬、具京山先生行狀中。不復載。

銘曰、易著謙吉、老稱儉寶。孰藉高明、而甘枯槁、孰秉素心、而事幽討。今游古初、神傳象表。越山嘯傲、長水潦倒。清虛之鄉、達人所保。有嗇其躬、施及國孳。有朴其容，芸窮文巧。死何如生、大夢獨曉。向平猶惑、彭祖爲夭。史銘諸幽、聊識其小。舟壑之藏、甃臼可攷。

墨林雅士、名滿吳越間。余此誌亦具其神照。次孫相訪請余書、且以鐫石、亦王謝子弟家風也。書此應之。　崇禎八年乙亥子月，董其昌題。

圖版目錄

上鈐項元汴、王鴻、乾隆等收藏印。

上鈐項元汴印二人餘方。

圖版

圖版一　賈瑞齡摹「墨林山人小像」（台北　故宮博物院王世華先生藏）

圖版二　董其昌撰並書「項元汴墓誌銘」（局部）（原跡現藏日本東京國立博物館）

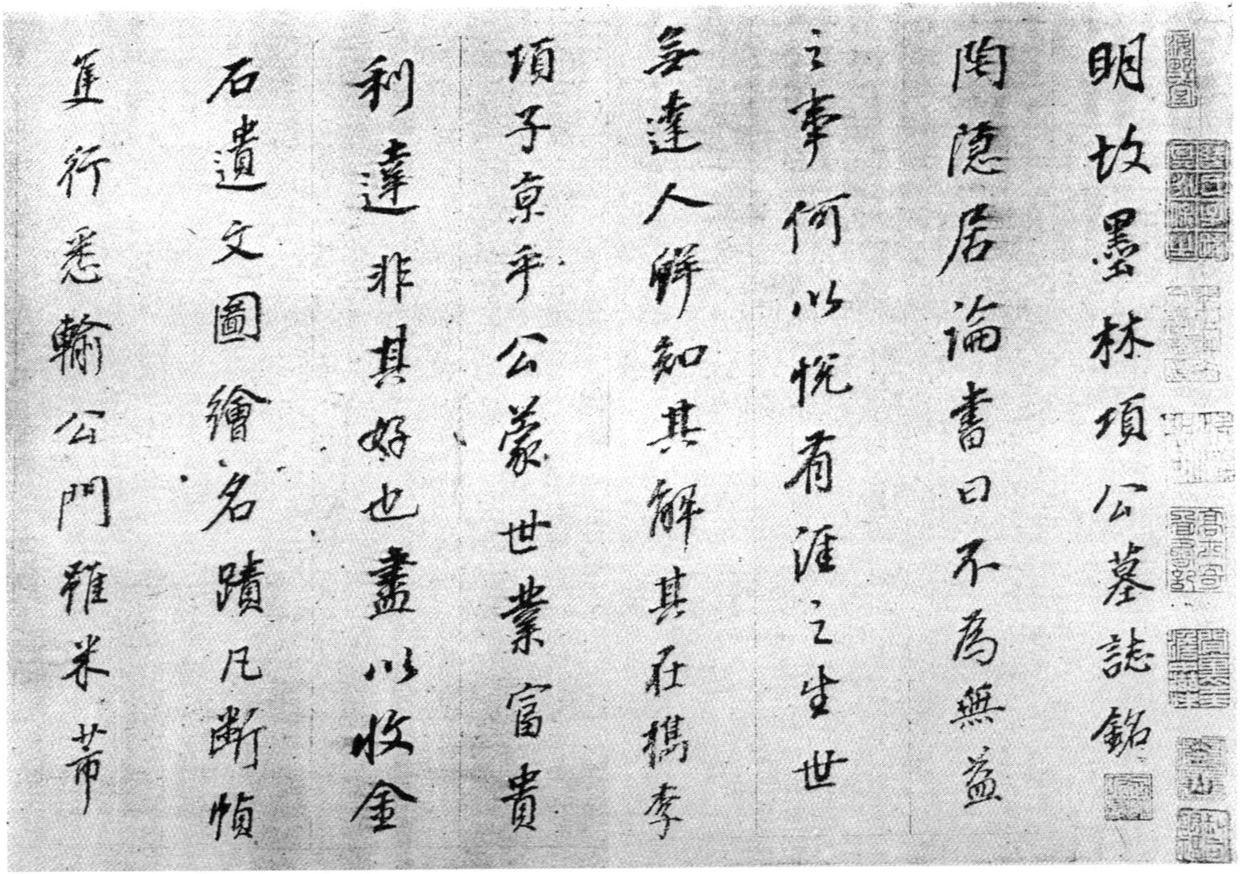

明故墨林項公墓誌銘
陶隱居論書曰不為無益
之事何以悅有涯之生世
多達人鮮知其解其在檇李
項子京乎公蒙世業富貴
利達非其好也盡以收金
石遺文圖繪名蹟凡斷帧
隻行悉輸公門雖米芾

圖版三　項德新（項元汴之三子）「秋江雲樹圖」軸（台北　故宮博物院藏）

圖版四　項聖謨（項元汴之孫）「石林竹浪圖」册頁（採自「中國名畫集」）

圖版五　項元汴「善才頂禮」軸（台北　故宮博物院藏）

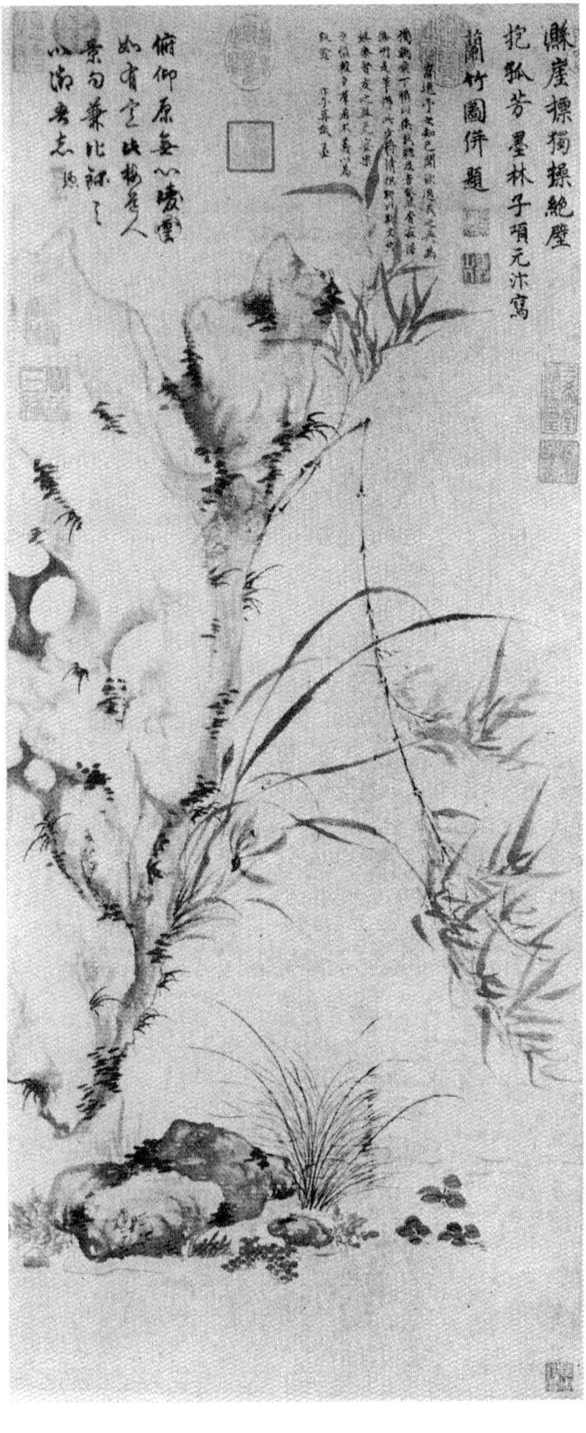

圖版六　項元汴「蘭竹圖」軸（台北　故宮博物院藏）

圖版七　項元汴「梓竹圖」軸（台北　故宮博物院藏）

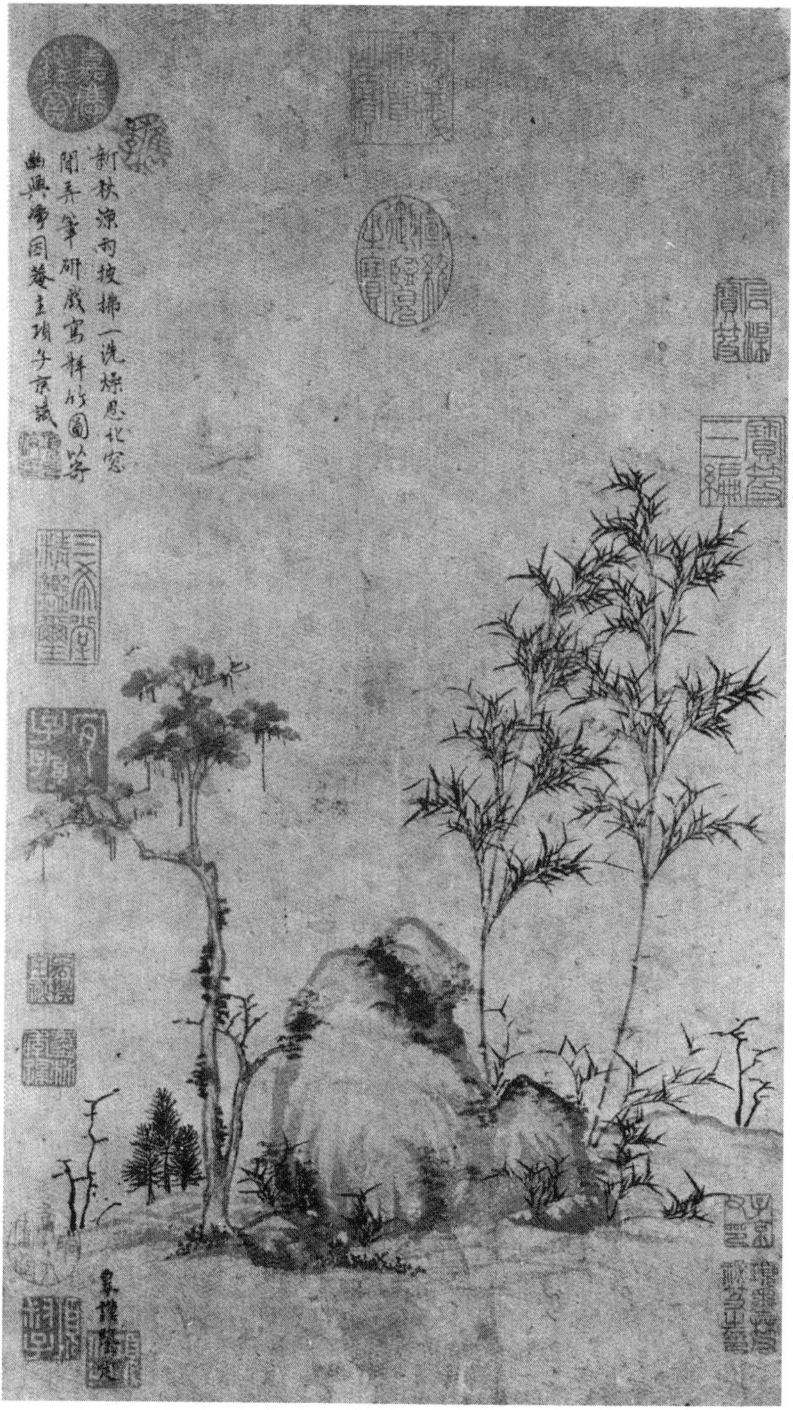

圖版八　項元汴「墨蘭圖」册頁（台北　故宮博物院藏）

此畫顯然受文徵明之影響（參見圖版一四）

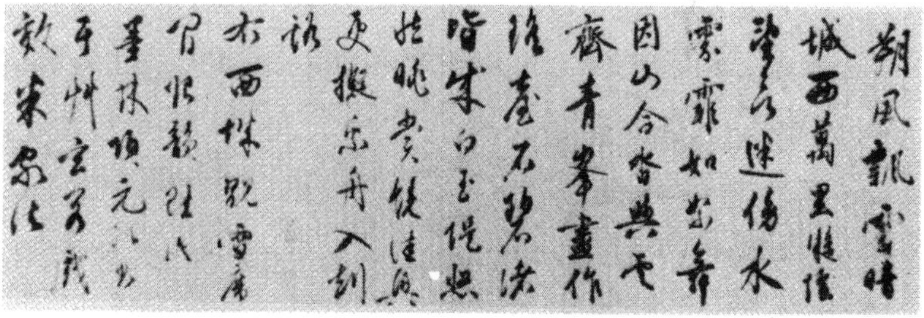

圖版九　項元汴「山水畫並詩書」（採自「大風堂名蹟」㈠頁二七）

圖版一〇　項元汴跋「懷素苦筍帖」之行書及隸書款（日本東京書道博物館藏）

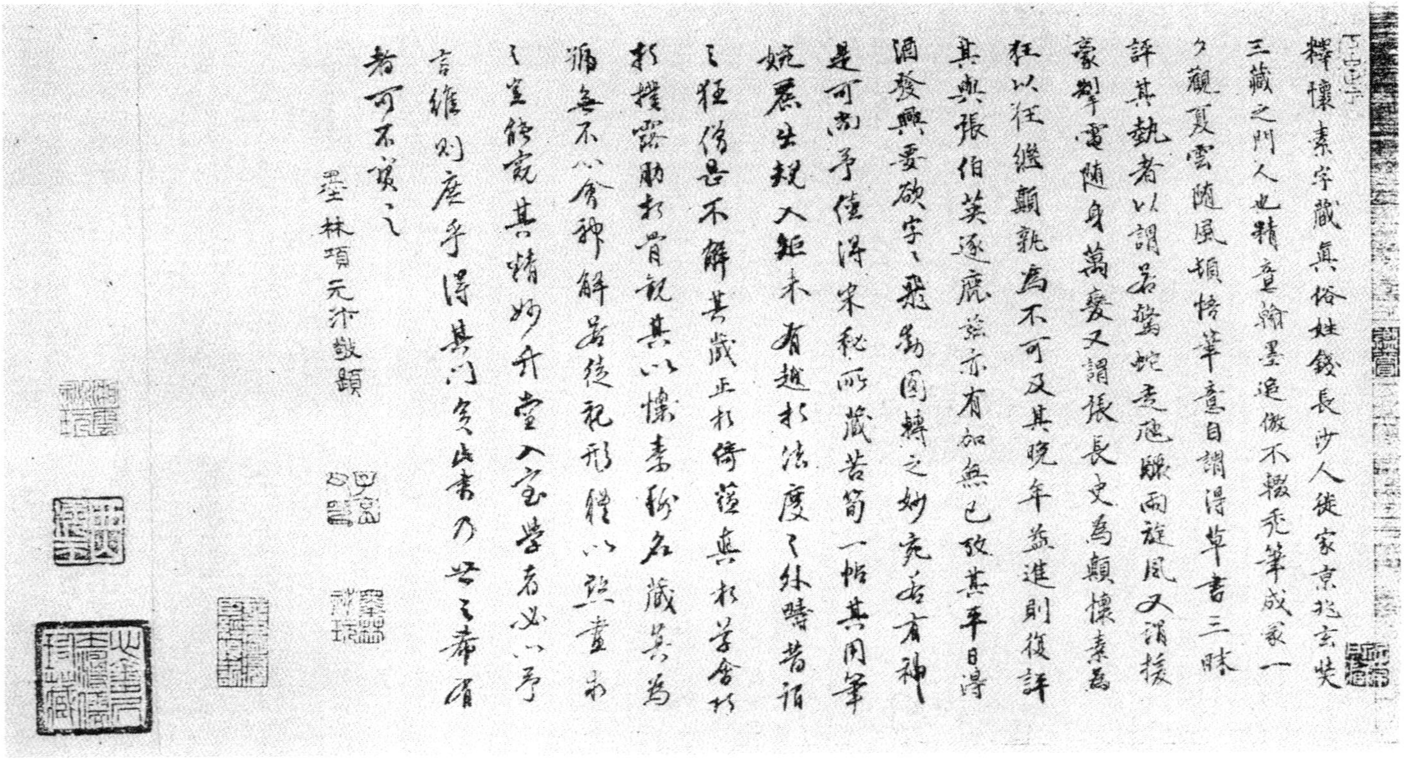
釋懷素字藏真俗姓錢長沙人徙家京兆玄奘
三藏之門人也精意翰墨追倣不輟禿筆成冢一
夕觀夏雲隨風頓悟筆意自謂得草書三昧
評其勢者以謂若驚蛇走虺驟雨旋風又謂援
豪掣電隨手萬變又謂張長史為顛懷素為
狂以狂繼顛孰為不可及其晚年益進則復評
其與張伯英逐鹿茲亦有加無已故其平日得
酒發興要欲字字飛動圓轉之妙宛若有神
是可尚乎僕得宋秘所藏苦筍一帖其用筆
婉麗出規入矩未有越於法度之外時昔謂
之狂僧豈不解甚哉正於倚藉真於草書於
於楷露肋於骨觀其以懷素聲名藏其為
循無不以會神解若徒託形體以點畫求
之宜能窺其精妙升堂入室學者必以予
言維則庶乎得其門矣此書乃世之希有
者可不寶之
墨林項元汴敬題

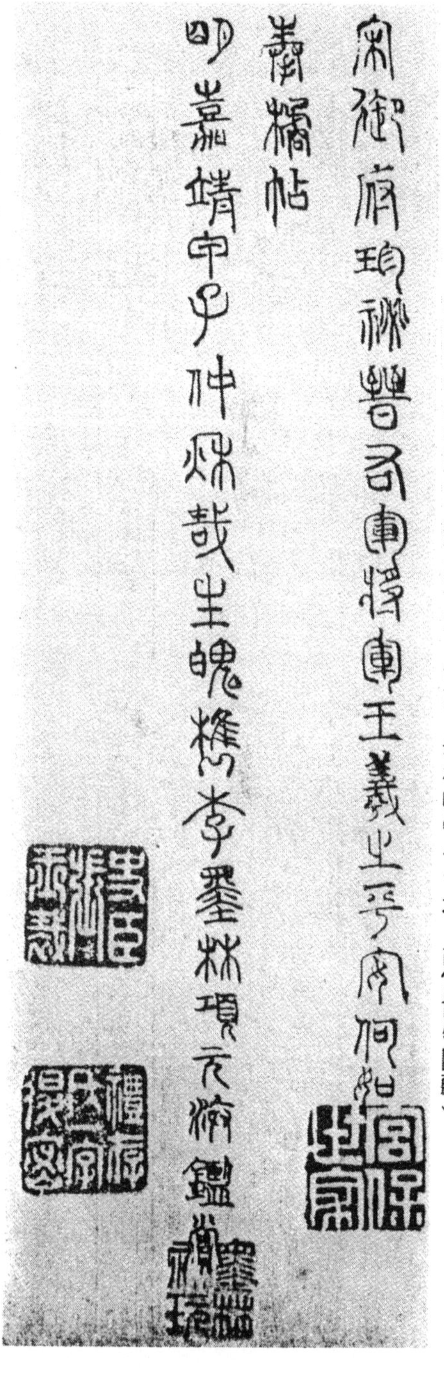

圖版一一　(A)項元汴篆書跋「王羲之平安、何如、奉橘帖」（台北　故宮博物院藏）

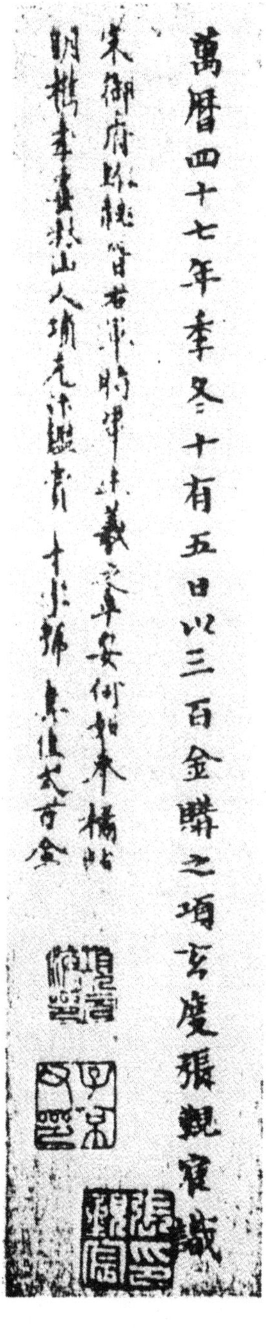

圖版一一　(B)項元汴於「王羲之平安、何如、奉橘帖」後之記語、編號（十字號），並標明價格（其值二百金）·前附其五子玄度（德宏）誌語。

圖版一二　項元汴、項聖謨祖孫之簽名例

(A)項元汴簽名之款式

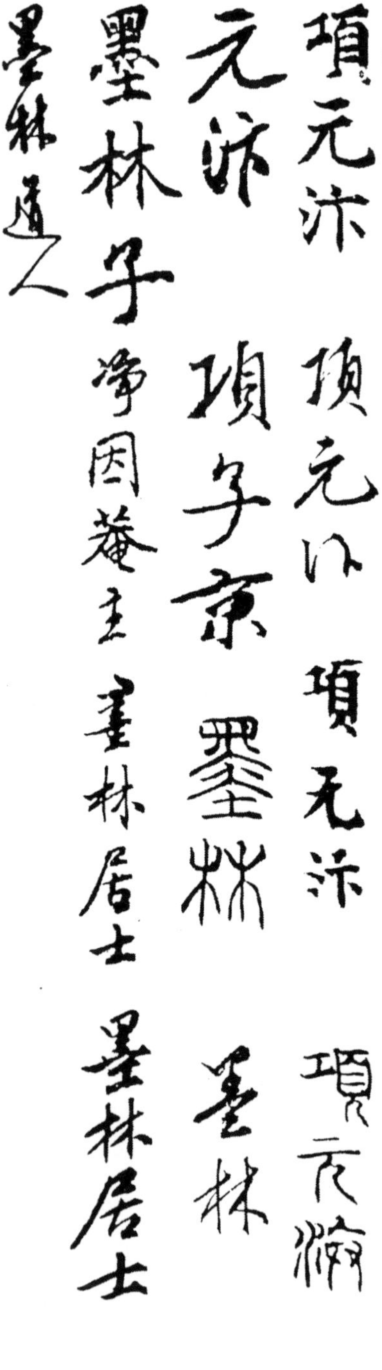

(B)項聖謨簽名之款式

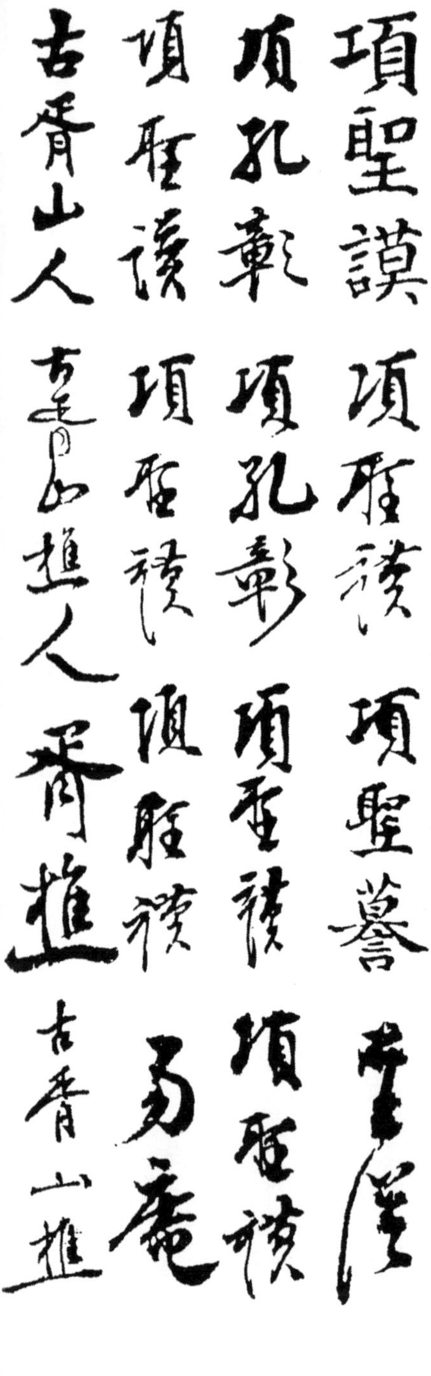

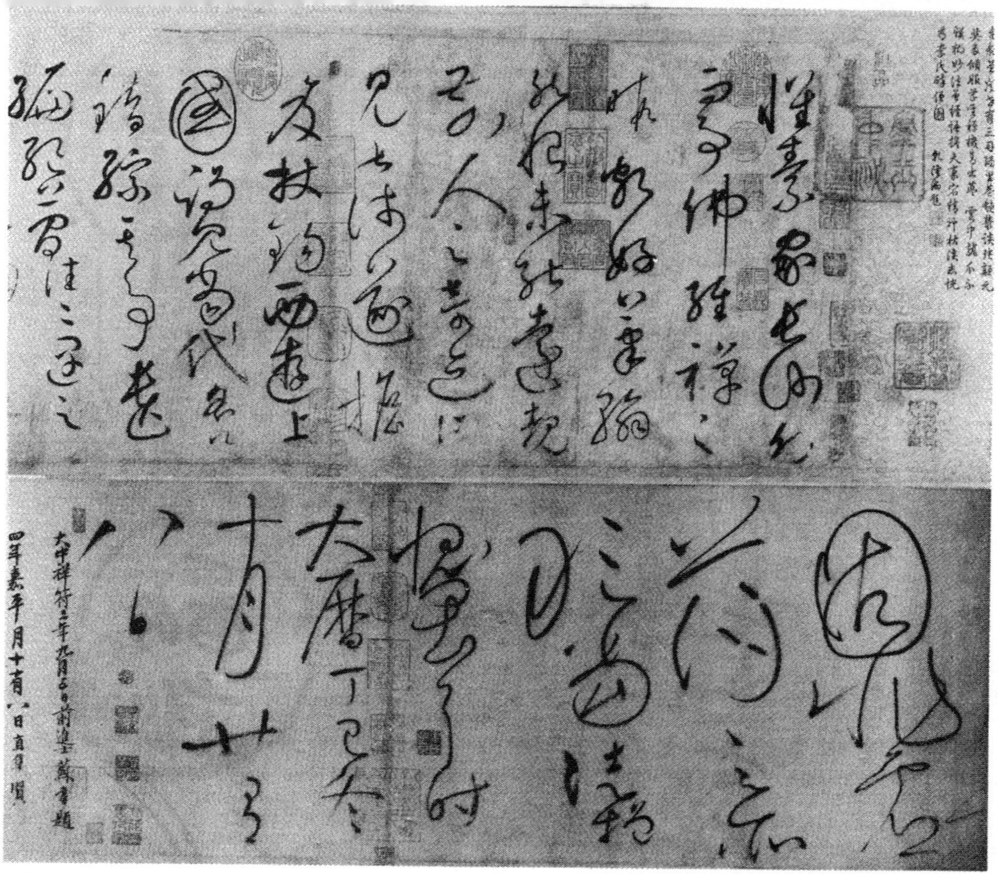

圖版一三　曾經項元汴收藏之唐「懷素自序帖」卷（台北　故宮博物院藏）上鈐項元汴收藏印六十餘方，並標明價格（其值千金）。

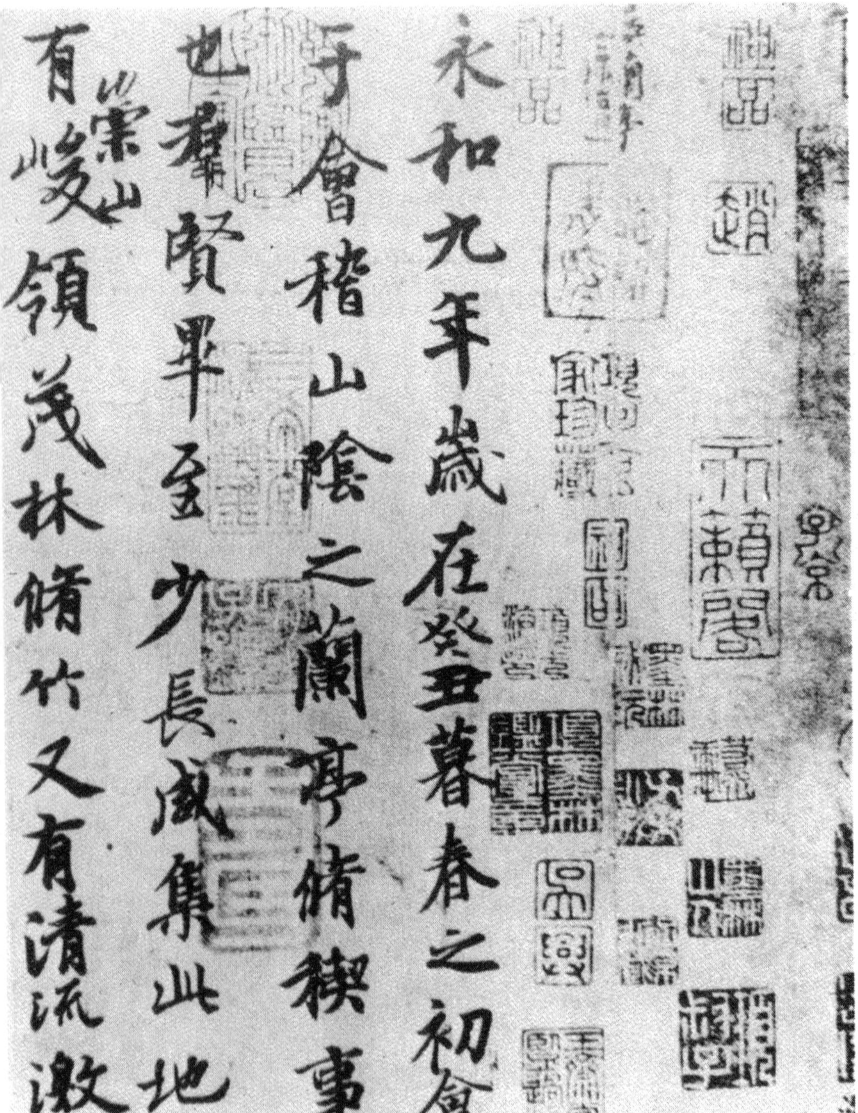

圖版一四　唐馮承素「摹蘭亭帖」（據「蘭亭墨跡彙編」：北京文物出版社為「蘭亭八柱帖」之一，上有項元汴印及一五七七年題記。

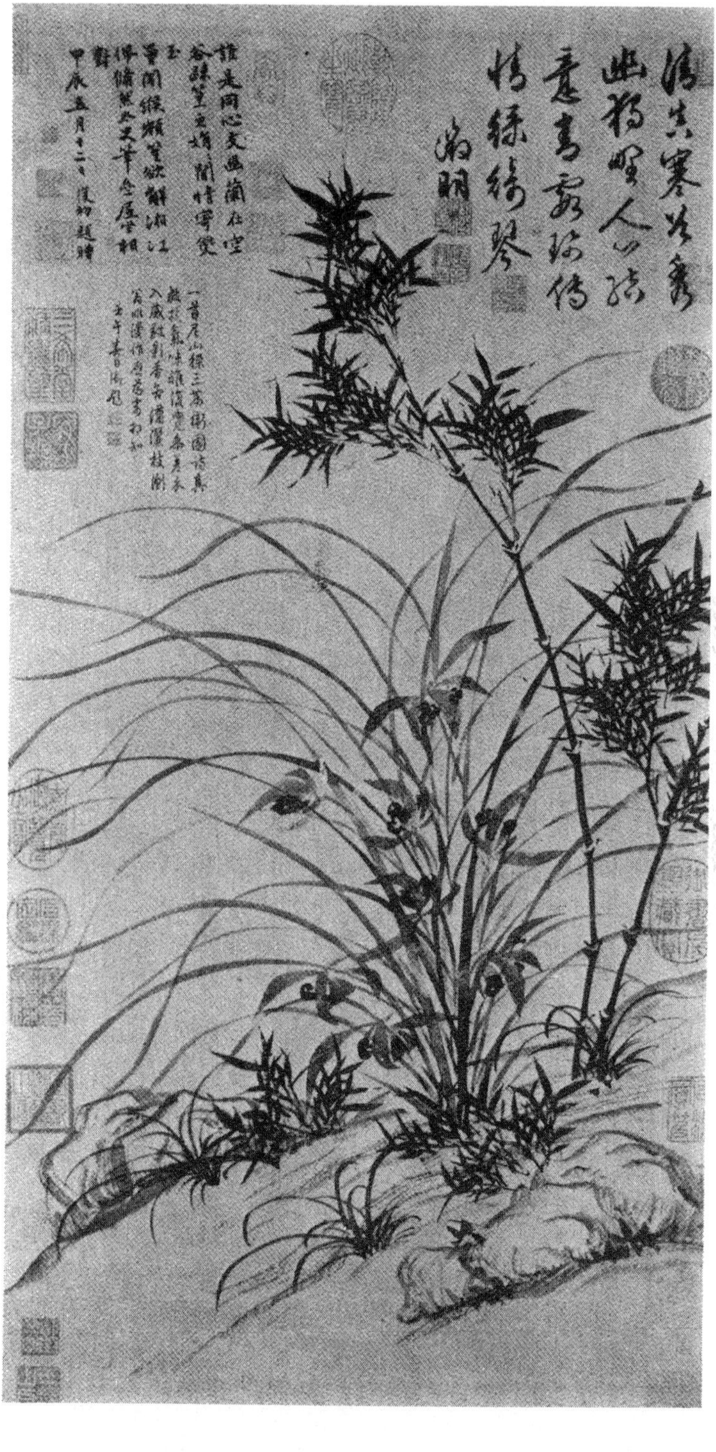

圖版一一五　明文徵明「蘭竹圖」軸（台北　故宮博物院藏）
曾經項元汴收藏，並有項德新（字復初）跋。

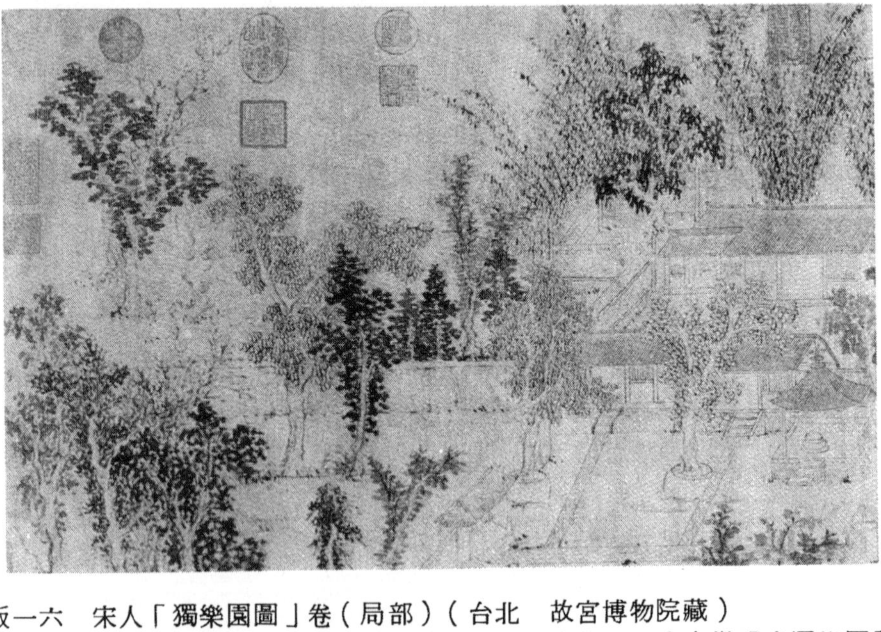

圖版一六　宋人「獨樂園圖」卷（局部）（台北　故宮博物院藏）
上鈐項元汴印。可能項氏以此圖求仇英臨仿，並求文徵明書獨樂園記（現藏美國克里夫蘭博物館）。

圖版一七　明仇英爲項元汴作「漢宮春曉」卷（局部）（台北　故宮博物院藏）
上鈐項氏收藏印，並有「慮」字編號、且標明值二百金。

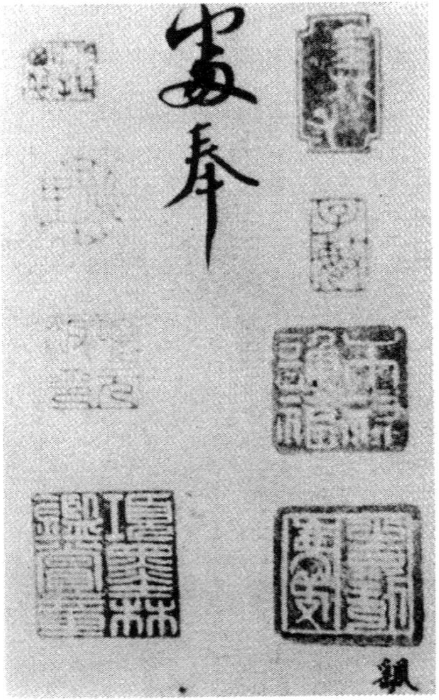

(A)「飄」字，見於蔡襄「曾明仲及陳襄」尺牘
（台北　故宮博物院藏。「宋四家集册」之第九。）

(B)「其」字，見於趙孟頫「鵲華秋色」卷
（台北　故宮博物院藏）

(C)「慮」字，見於仇英「漢宮春曉」卷
（台北　故宮博物院藏）

圖版一九　元倪瓚「虞山林壑」圖軸（今藏美國紐約大都會博物館）
上有項元汴印與「豈」字編號。

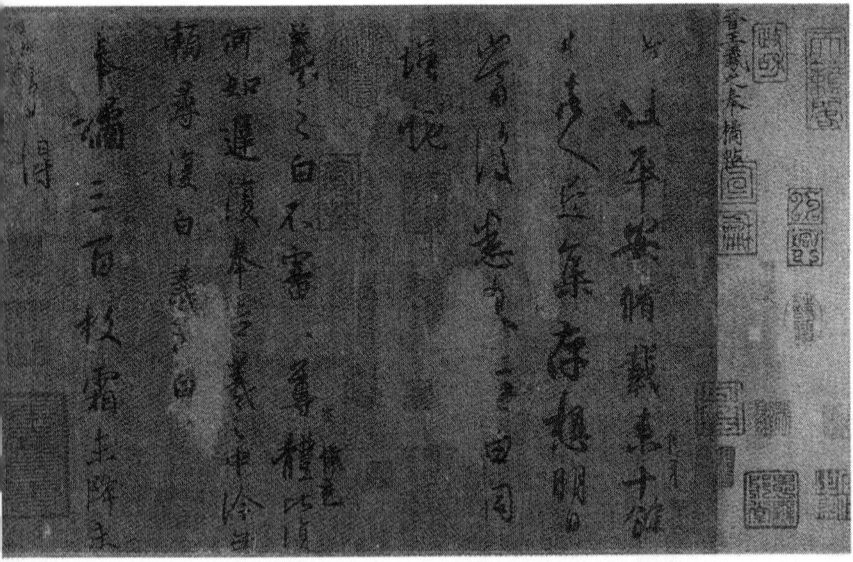

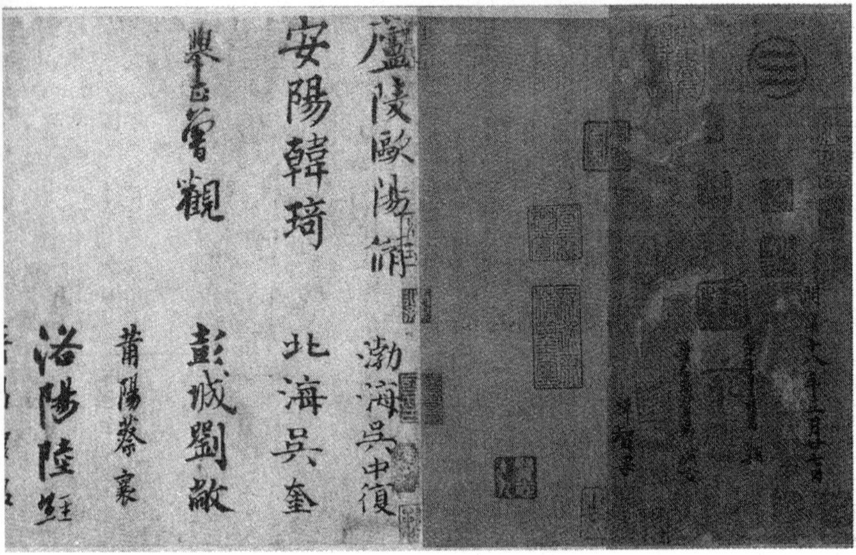

圖版二〇　經項元汴收藏之晉王羲之「平安、何如、秦橘」帖（台北　故宮博物院藏）上鈐項氏收藏印。後附歐陽修、韓琦、蔡襄等之觀款。

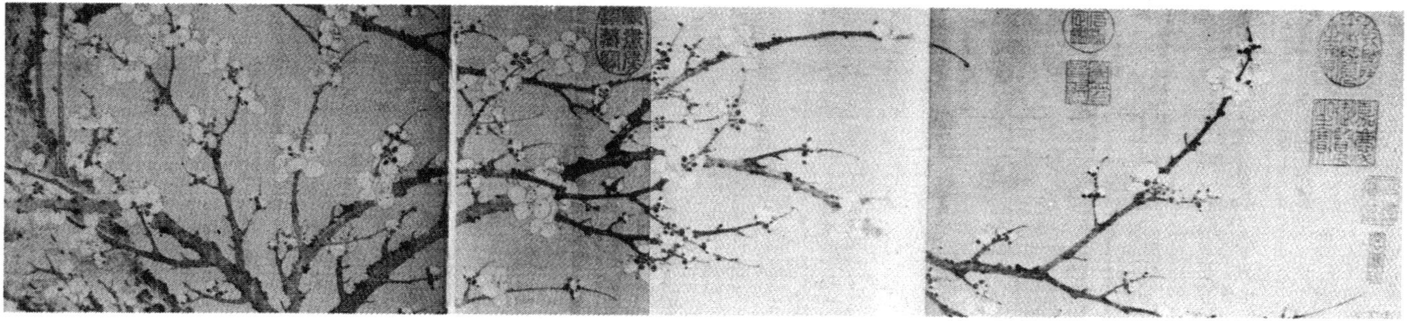

圖版二一　宋王嚴叟「畫梅花」卷局部（今藏弗利爾）
此畫上有「嚴叟」款。石渠寶笈等著錄稱為宋王嚴叟。
上鈐項元汴印。並有「軻」字編號。

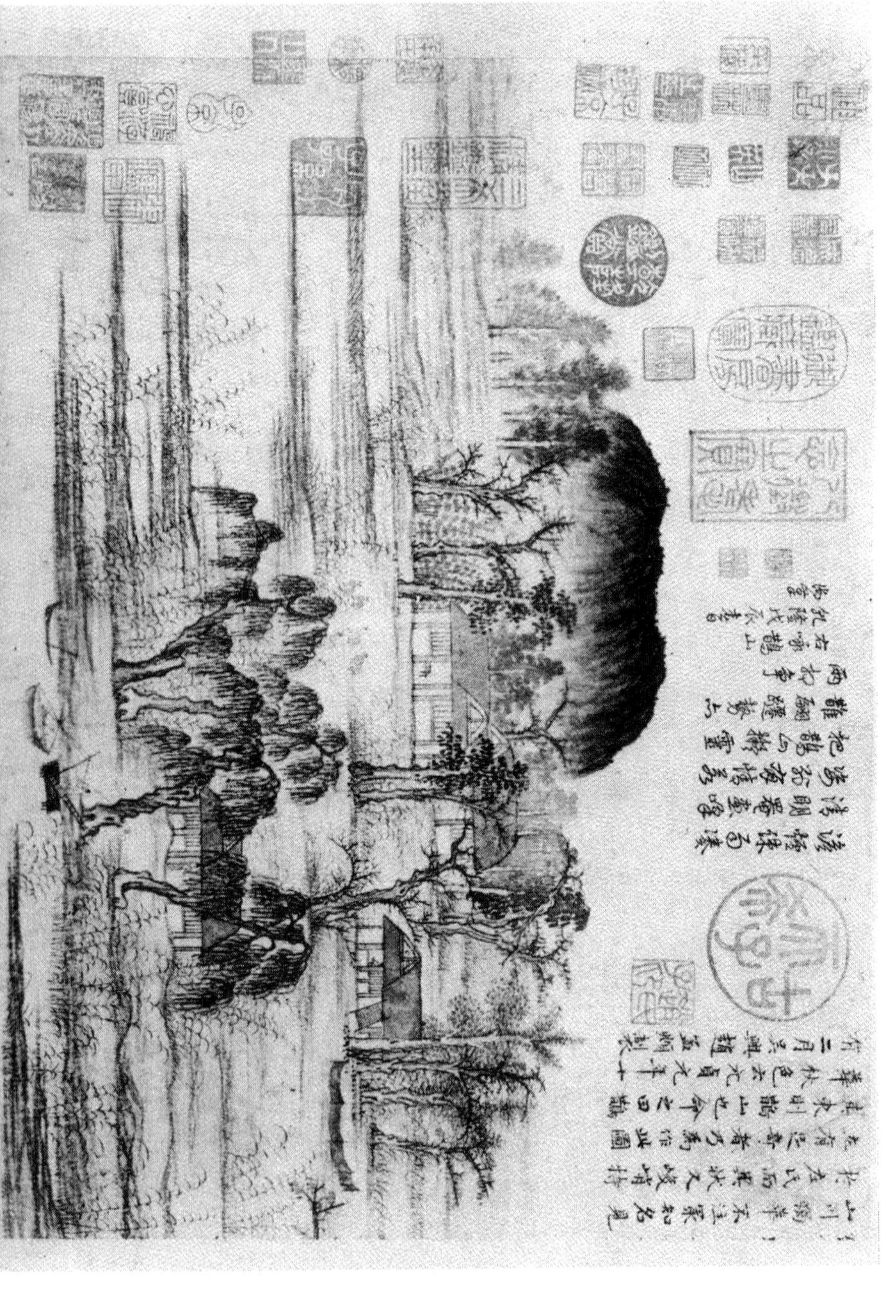

圖版二二　元趙孟頫「鵲華秋色圖」卷（局部）（台北　故宮博物院藏）

圖版二三　金武元直「赤壁圖」卷（台北　故宮博物院藏）
上鈐項元汴印，並題識，項氏題為朱銳所作。並有「譏」字編號。後附趙秉文跋，甚精。

圖版二四　唐李白「上陽台書」卷（採自「李白集校注」：上海古籍出版社）
此件不知所在，曾經項元汴收藏。並有清內府之印。

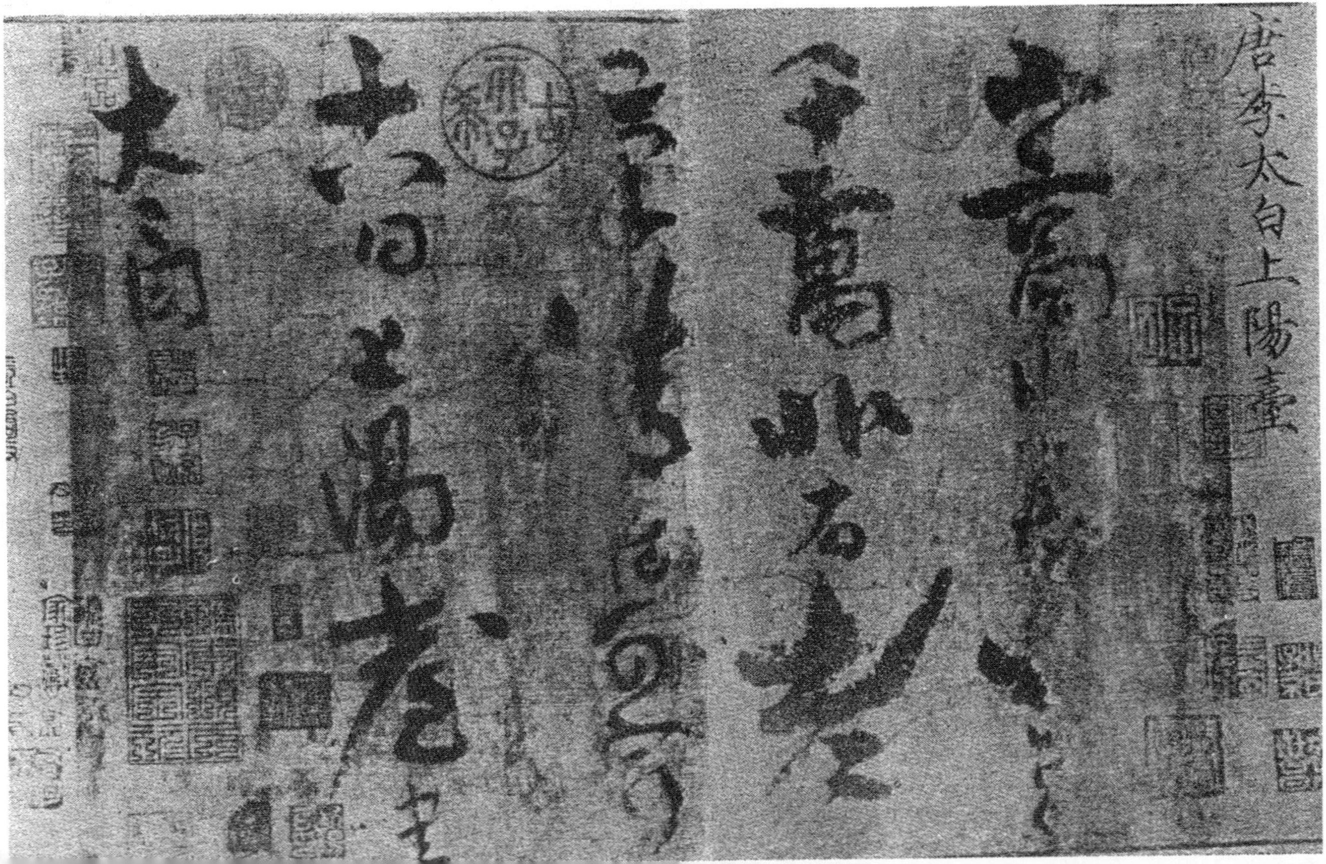

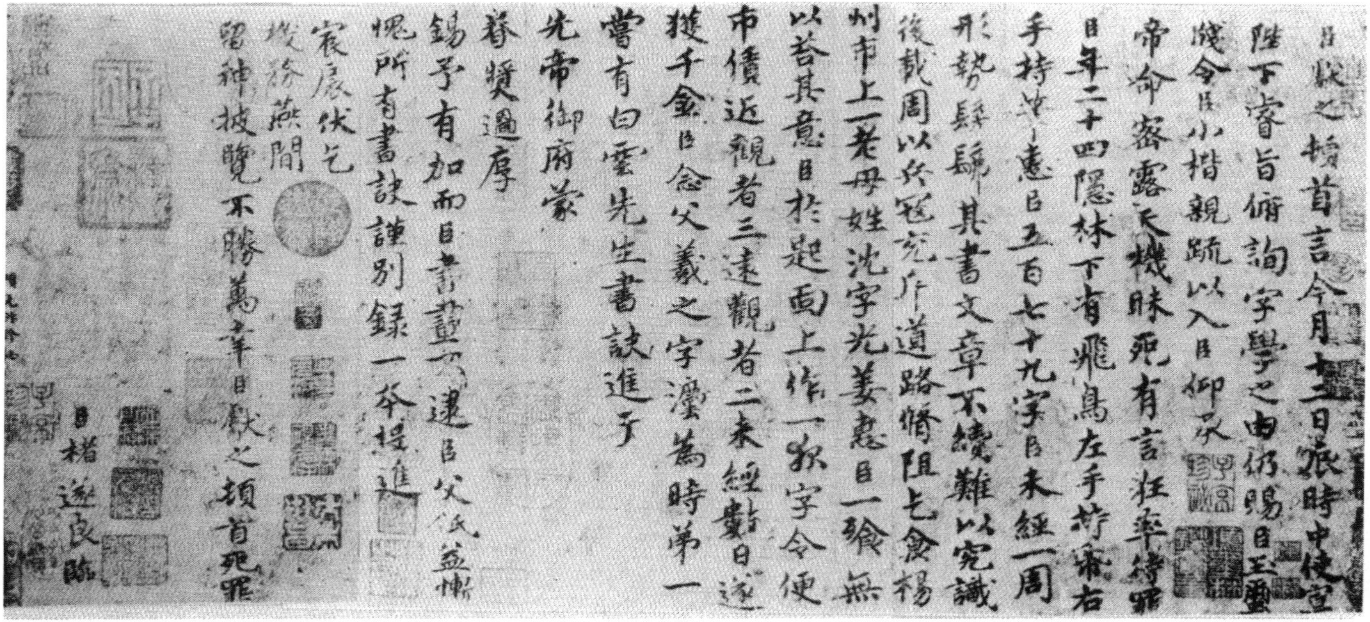

圖版二五　唐褚遂良「臨王獻之飛鳥帖」卷（台北　故宮博物院藏）
上有項元汴印，後附柯九思、王守誠等跋。

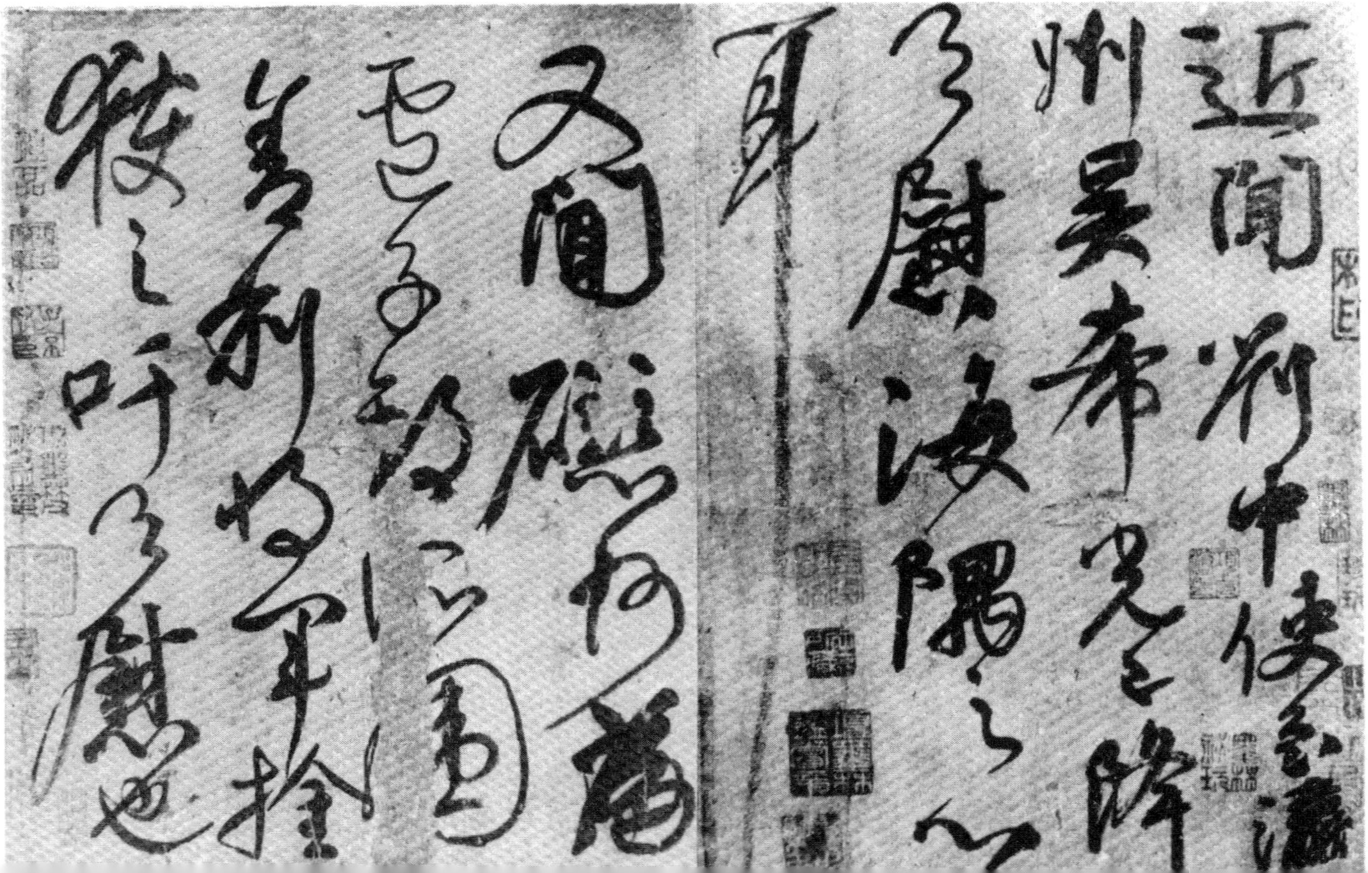

圖版二六　唐顏眞卿「劉中使帖」（台北　故宮博物院藏）
上有項元汴印。後有鮮于樞、文徵明、董其昌等跋。

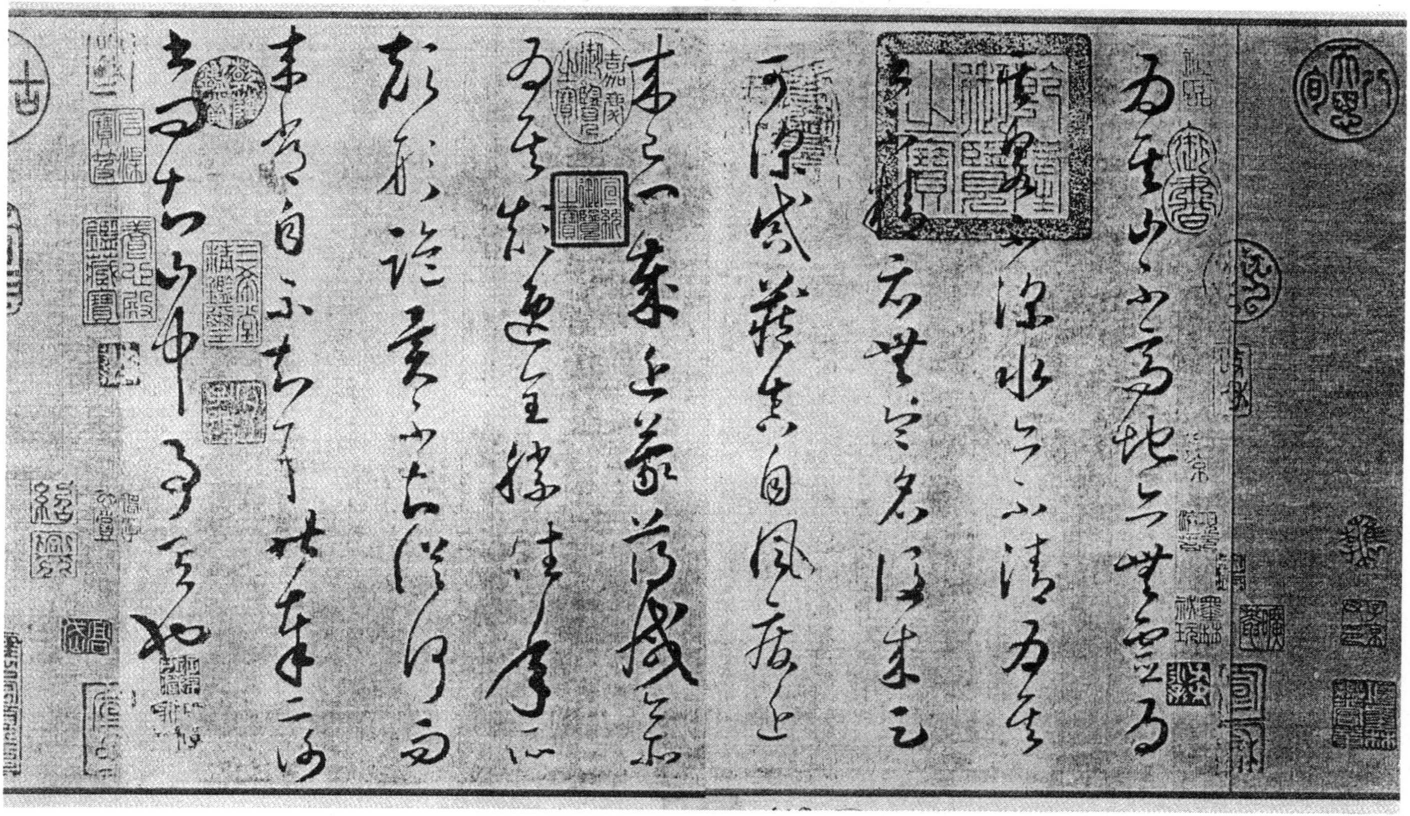

圖版二七　唐懷素「論書帖」（遼寧博物館藏）
上鈐項元汴印及篆書題記。並有項篤壽印，曾入宣和、紹興及清內府。

圖版二八　宋米芾「蜀素帖」卷（局部）（台北　故宮博物院藏）
上鈐項元汴印五十餘方。

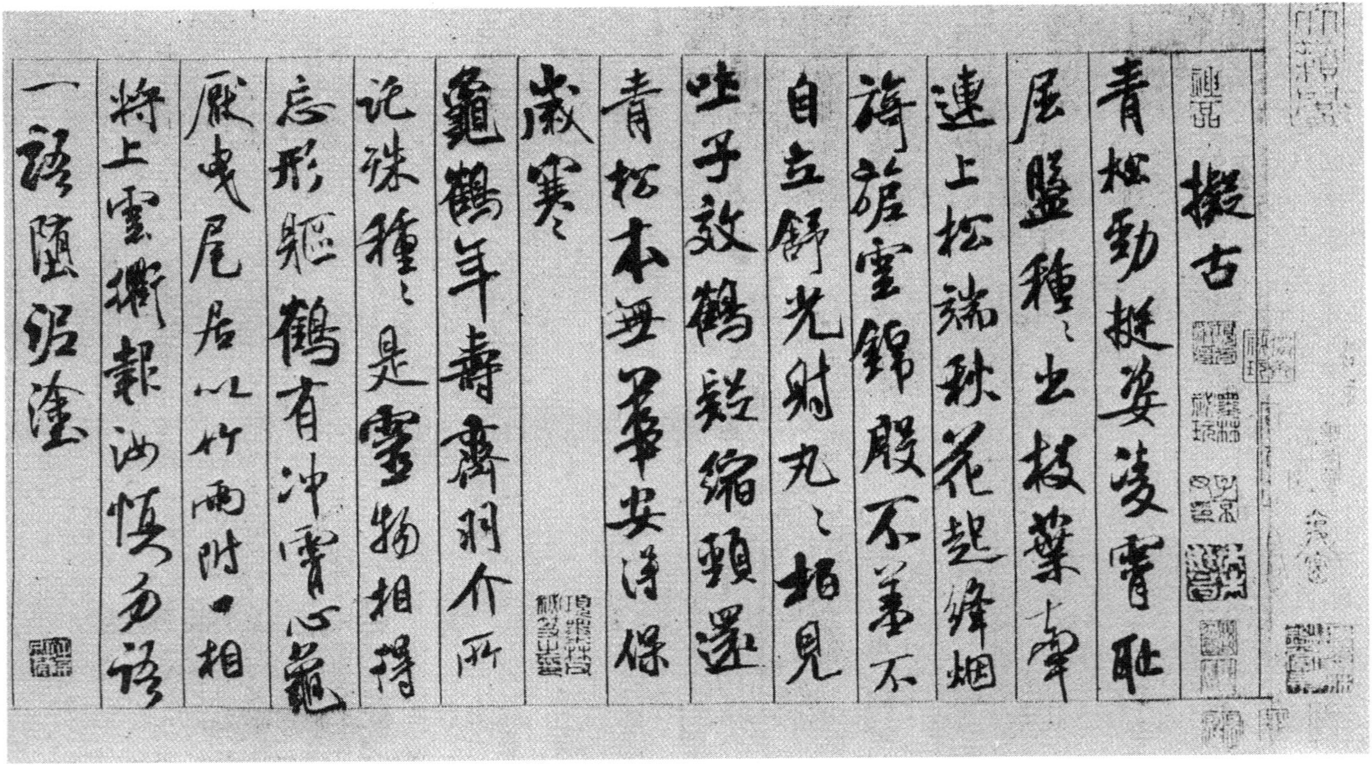

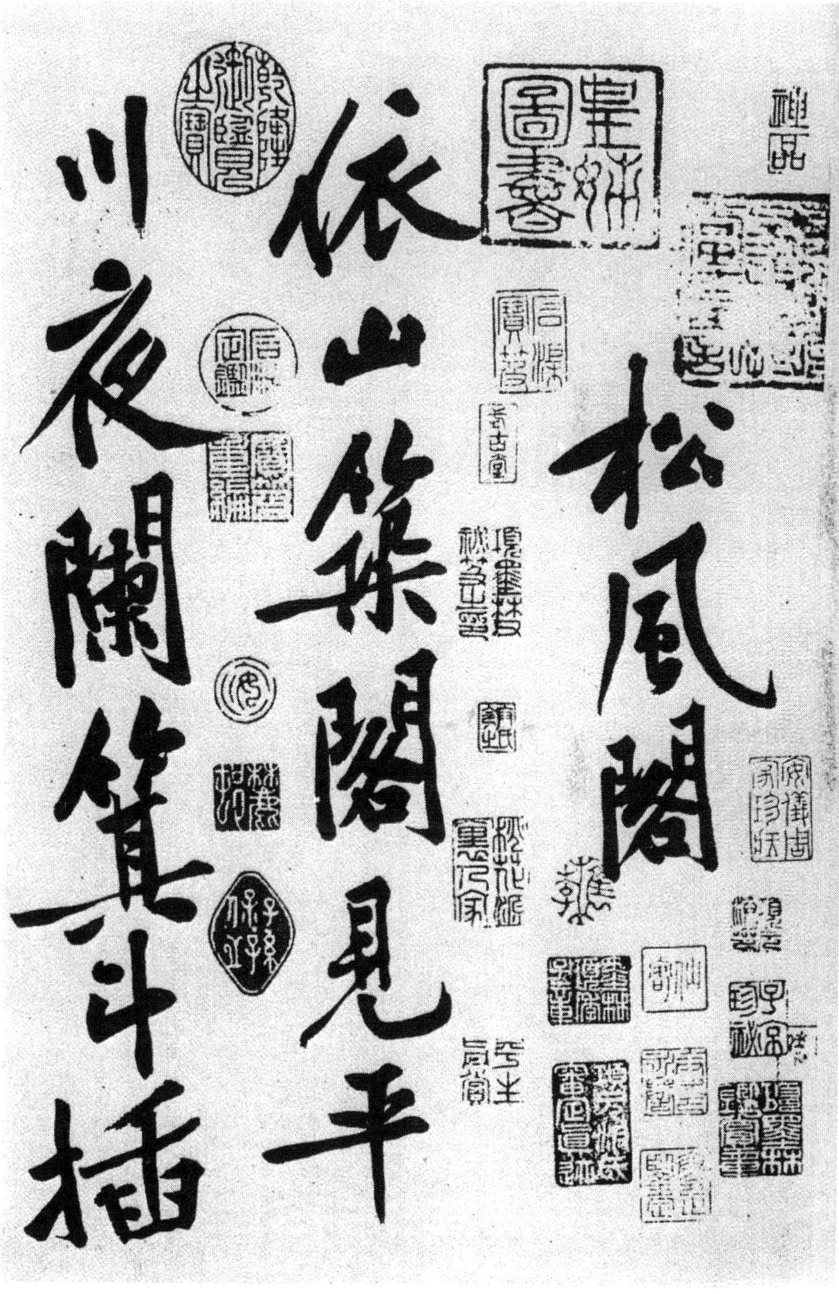

圖版二九　宋黃庭堅「宋風閣詩」卷（局部）（台北　故宮博物院藏）
上鈐項元汴印三十餘方。曾經元、清內府收藏，並有安岐、卞水譽等收藏印。

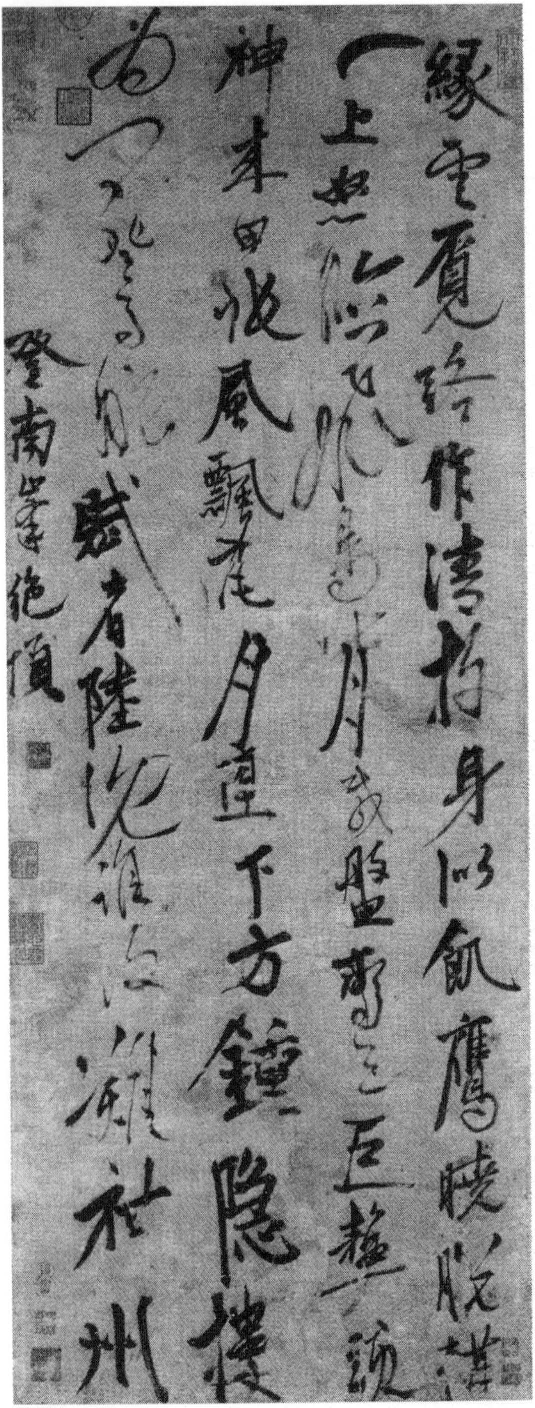

圖版三〇　元張雨「七言律詩」軸（台北　故宮博物院藏）

上鈐項元汴印七方。

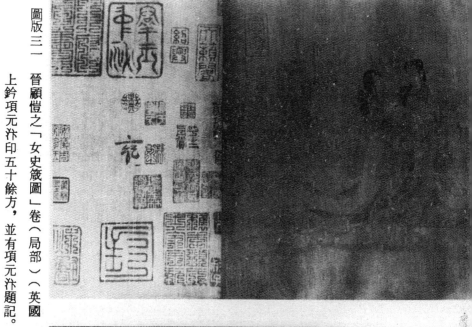

圖版三一　晉顧愷之「女史箴圖」卷（局部）（英國　大英博物館藏）
上鈐項元汴印五十餘方，並有項元汴題記。曾經兩宋及清內府收藏，後有董其昌跋。

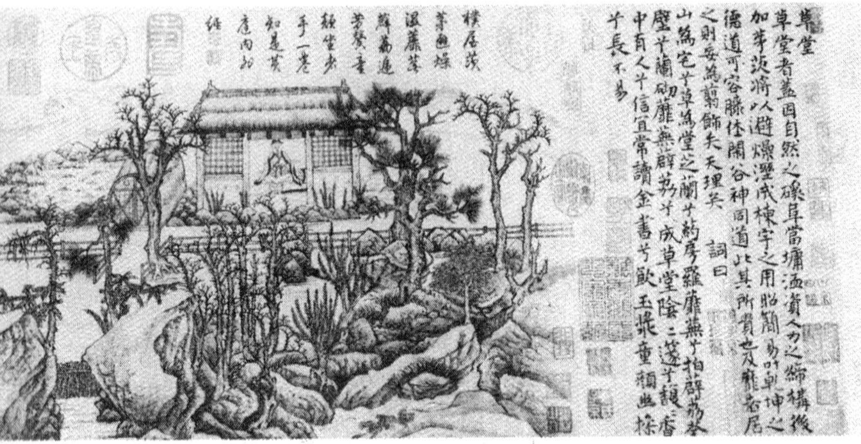

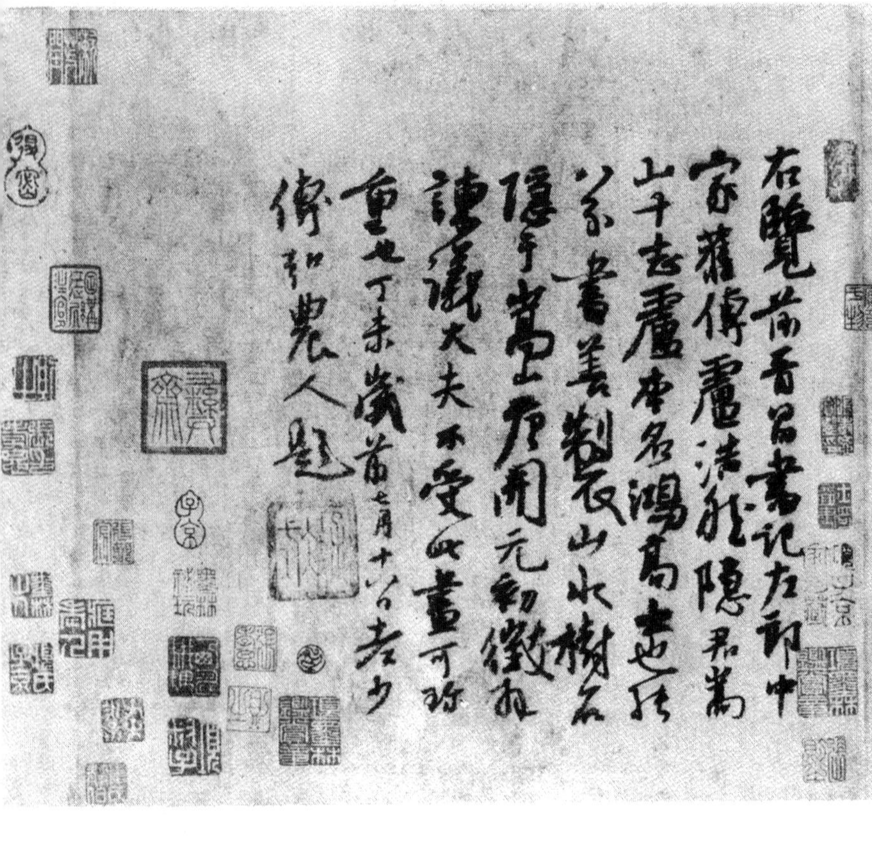

圖版三二　唐盧鴻「草堂十志圖卷」（局部）（台北　故宮博物院藏）

圖版三三　唐韓滉「五牛圖」（局部）（北平　故宮博物院藏）

圖版三四　唐韓幹「照夜白」卷（美國紐約　大都會博物館藏）
上鈐項元汴印。南唐李後主（九三七～九七八）、向子諲（一一三八題）
吳說題。原爲英國大衞爵士所藏，一九七五年入藏美國大都會博物館。

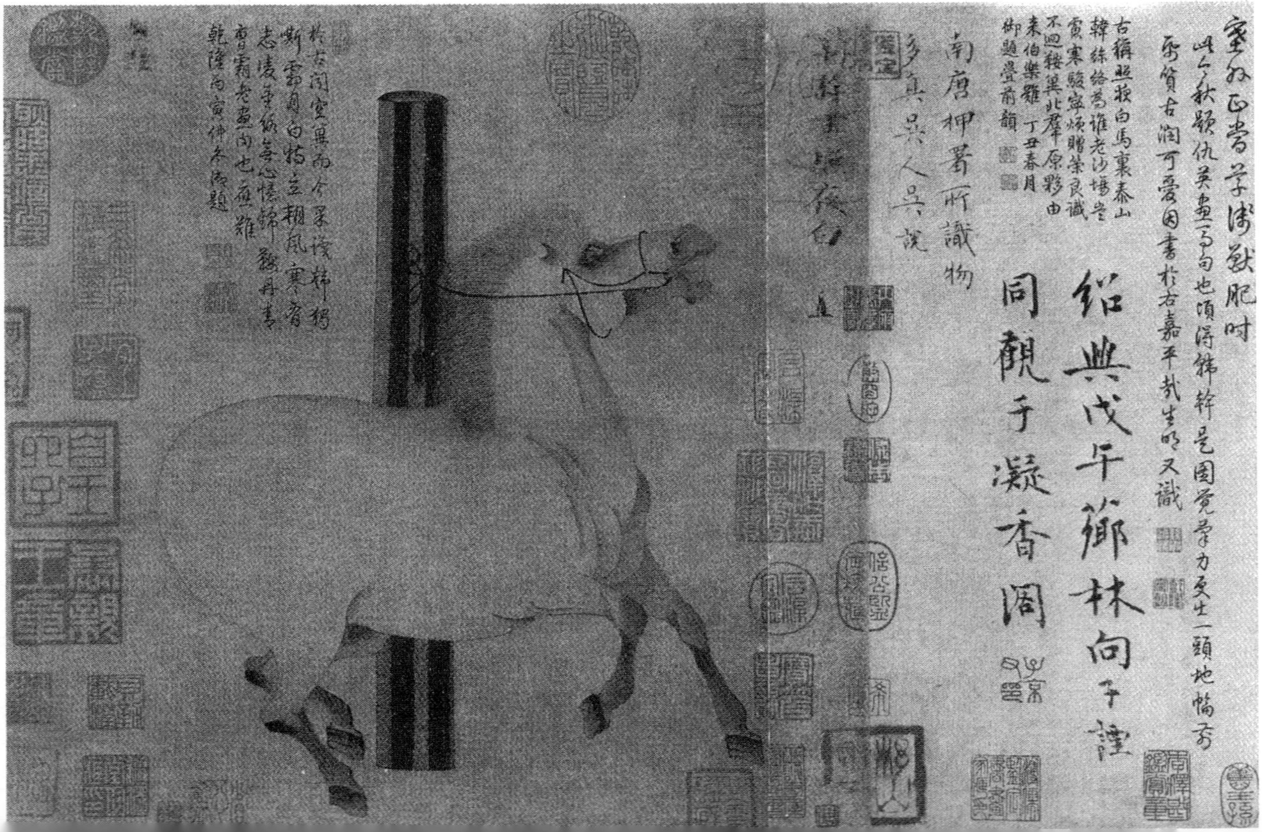

圖版三五　宋徽宗「竹禽圖」卷（局部）（美國紐約　顧洛阜藏寄存大都會博物館）上鈐項元汴印。又有晉府書畫之印，後附趙孟頫跋。

圖版三六　宋楊無咎「四梅圖」（局部）（北平　故宮博物院藏）

圖版三七　宋錢選「蘭亭觀鵝圖」（局部）（台北　故宮博物院藏）
(A)上鈐項元汴印。並有董其昌跋及印。

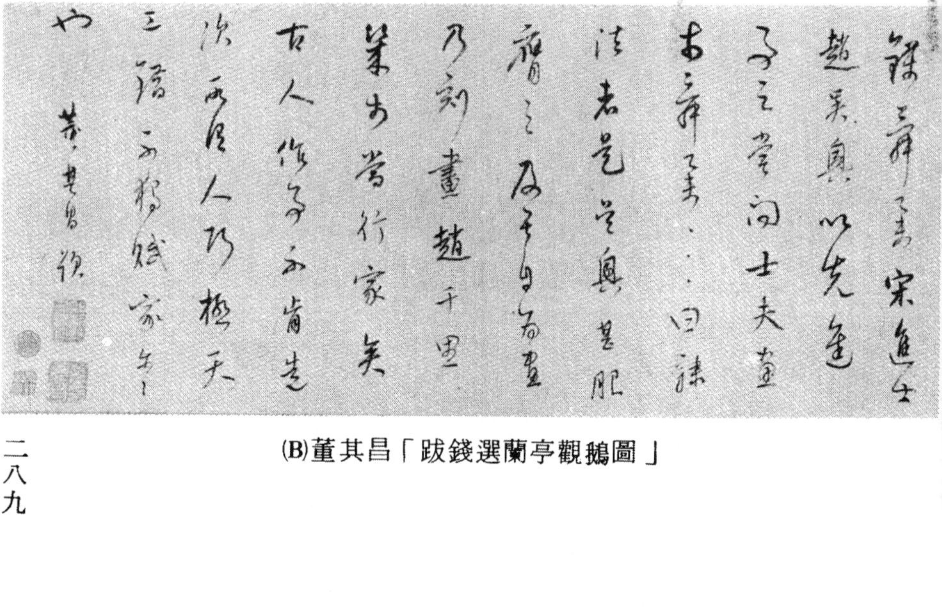

(B)董其昌「跋錢選蘭亭觀鵝圖」

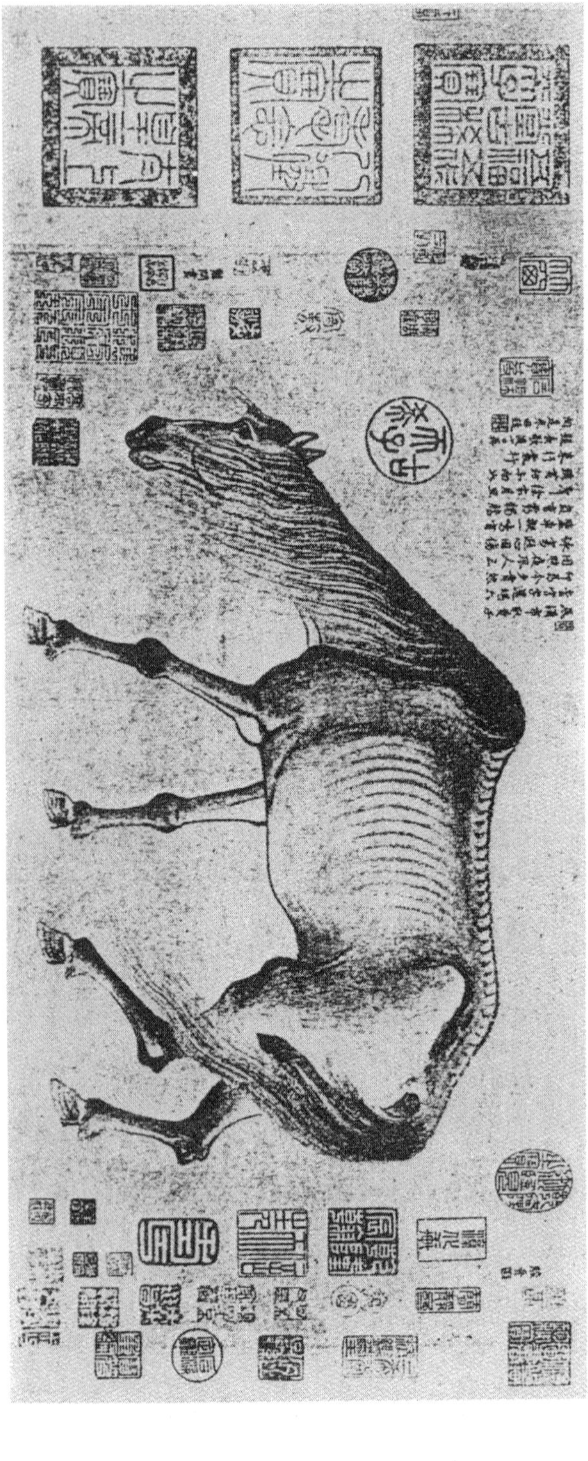

圖版三八　宋龔開「駿骨圖」（日本大阪　市立美術館藏）
上鈐項元汴印。並有高士奇、清內府等印。後附龔開自題詩。

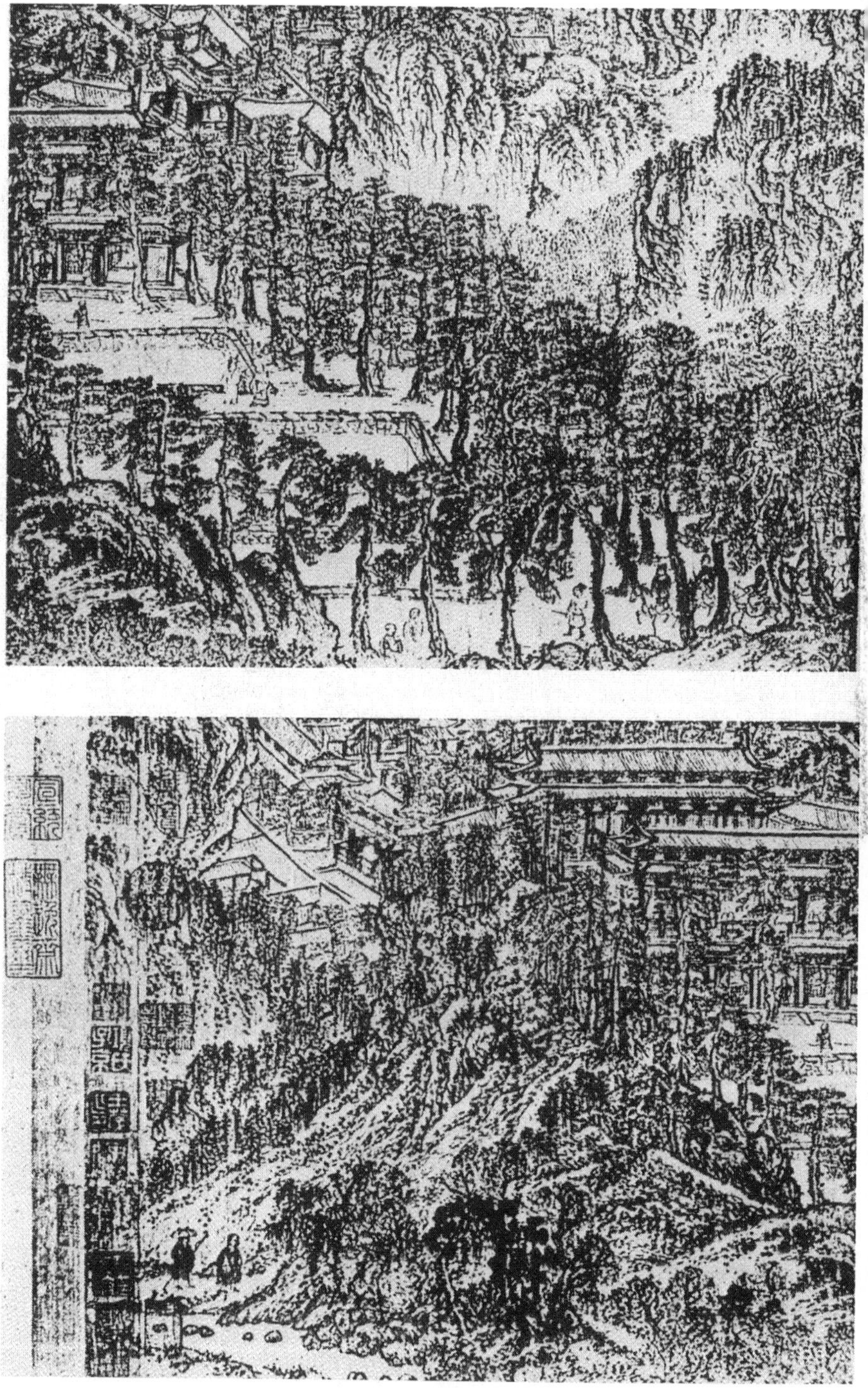

圖版三九　元王蒙「太白山圖」卷（局部）（今藏遼寧博物館）

圖版四〇　朱德潤「秀野軒圖」卷（局部）（今藏北平故宮博物院）

後附自「書秀野軒記」。上鈐項元汴印三十餘方。並有乾隆題詩及璽印。

圖版四一　元吳鎮「洞庭漁隱圖」軸（台北　故宮博物院藏）
上鈐項元汴印、並有乾隆題跋及璽印。

圖版四二　明杜瓊「南湖草堂」軸（台北　故宮博物院藏）
上鈐項元汴印及乾隆璽印，綾上有高士奇跋。

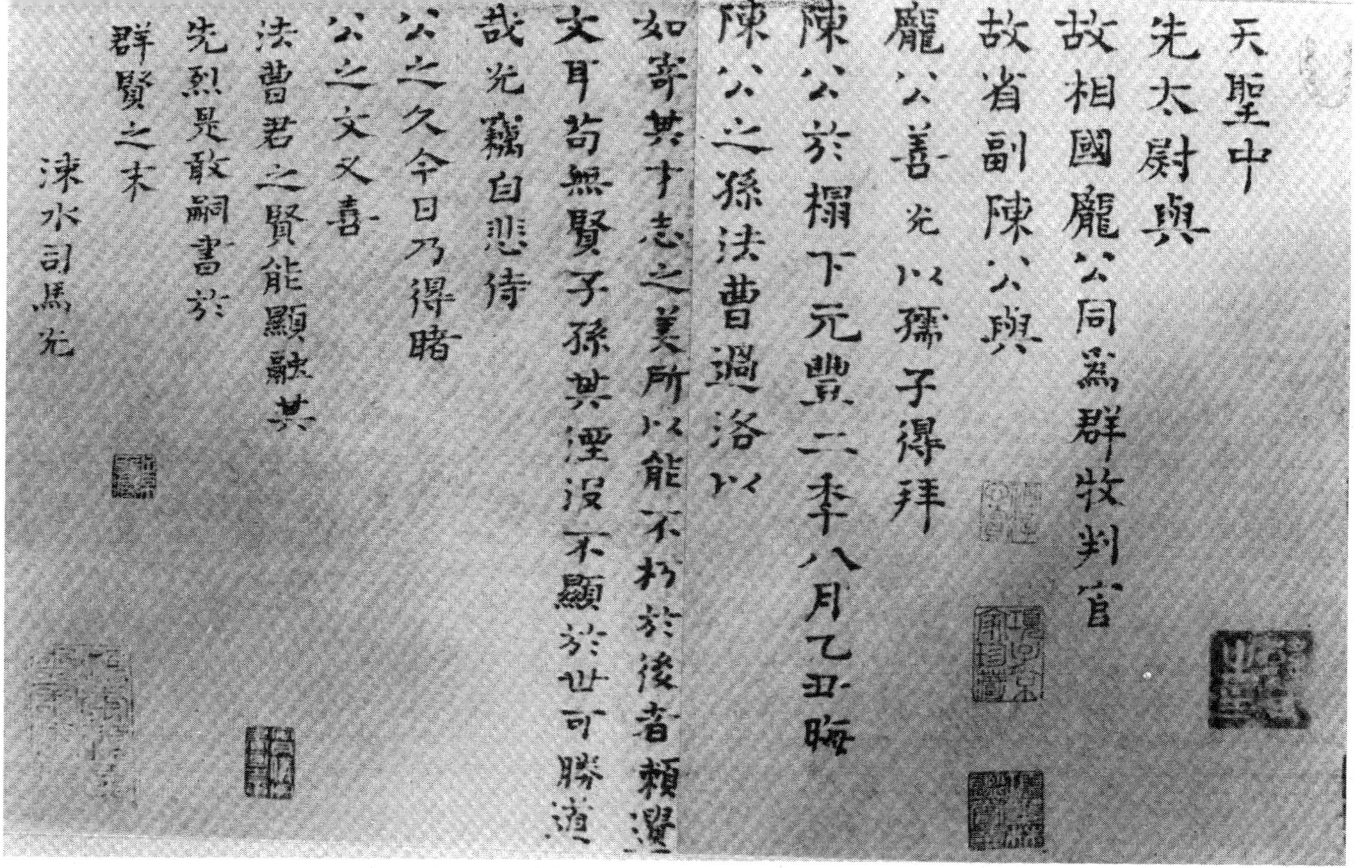

圖版四三　宋司馬光「跋語」（台北　故宮博物院藏。「宋人法書四册」之第六）
上鈐項元汴、安岐等收藏印。

圖版四四　宋李建中「所示帖」（台北　故宮博物院藏。「宋十二名家法書」之一）
上鈐項元汴印、並有安岐、陳定、乾隆等收藏印。

圖版四五　宋吳說「昨晚帖」（台北　故宮博物院藏「宋十二名家法書」之八）
上鈐項元汴、安岐收藏印。

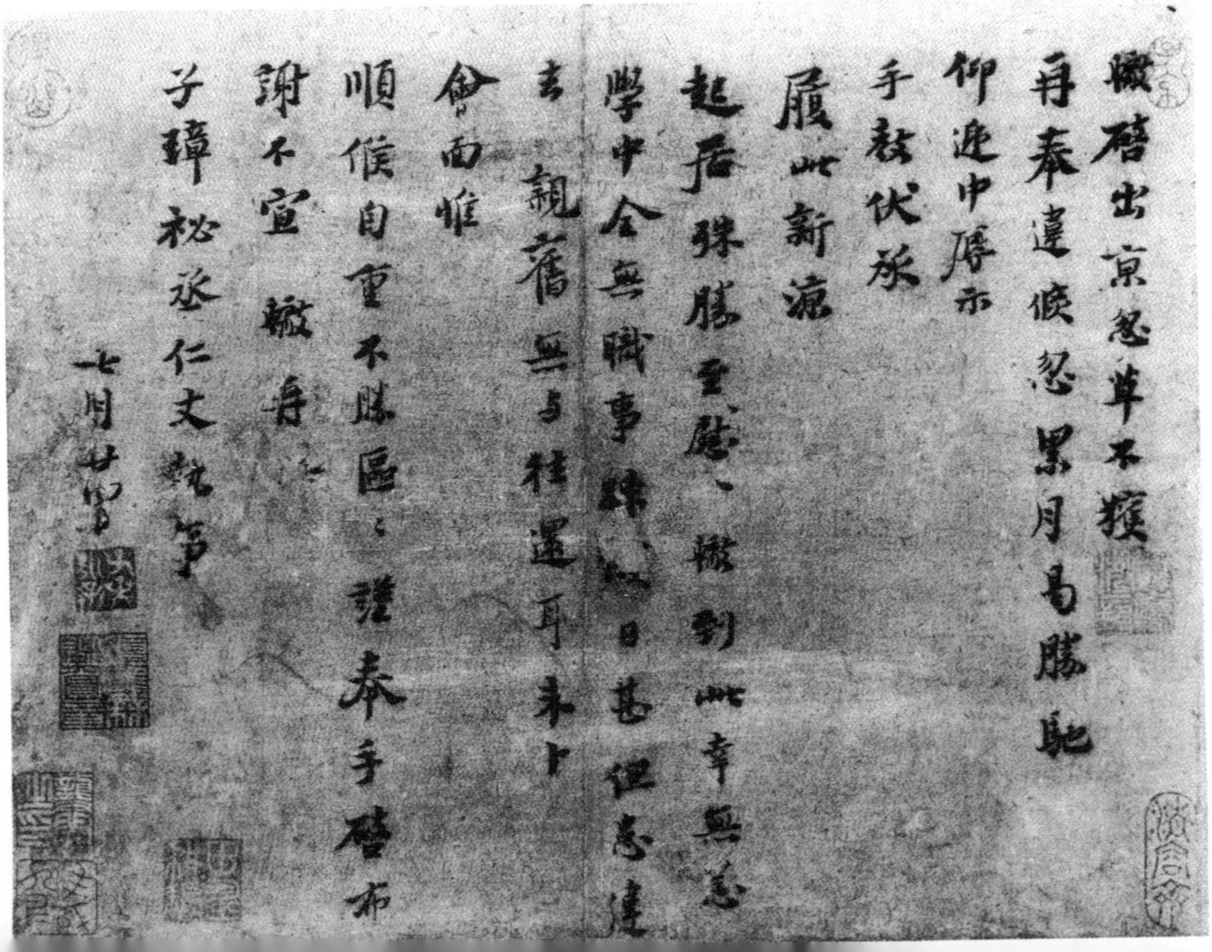

圖版四六　宋蘇轍「致子瞻秘丞尺牘」（台北　故宮博物院藏「宋代墨寶冊」之三）
上鈐項元汴印七方。

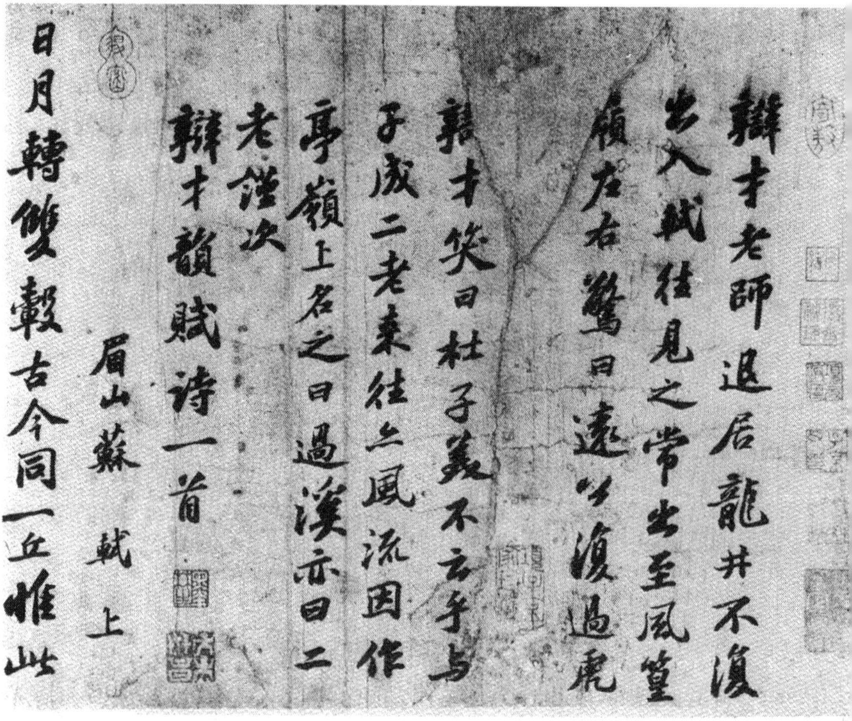
辯才老師退居龍井不復
出入軾往見之常出至風篁
嶺左右驚曰遠公復過虎
辯才笑曰杜子美不云乎與
子成二老來往亦風流因作
亭嶺上名之曰過溪亦曰二
老謹次
辯才韻賦詩一首
眉山蘇軾上
日月轉雙轂古今同一丘惟此

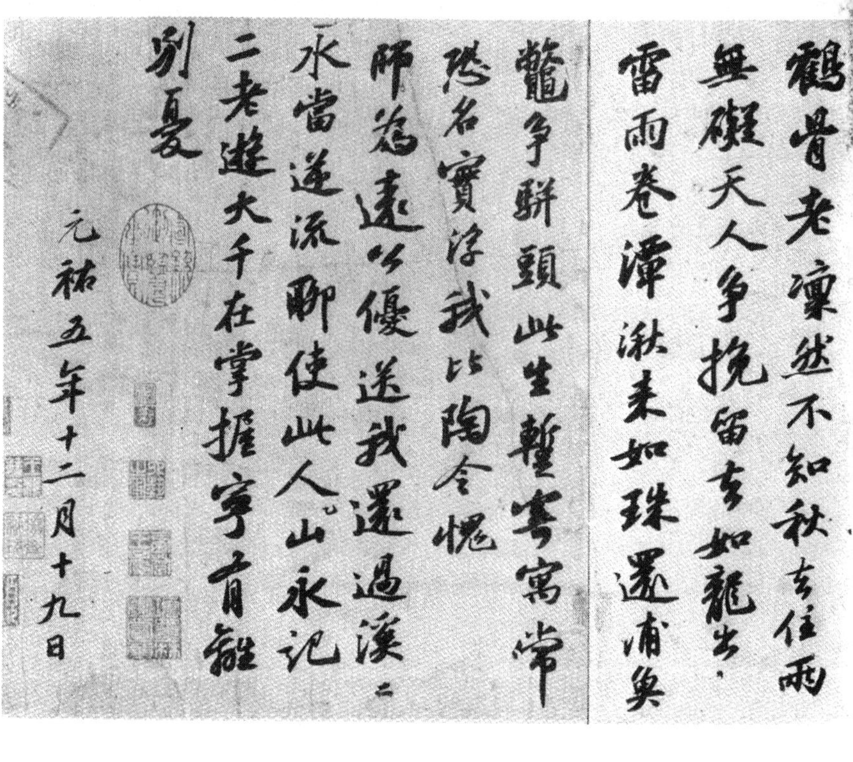
鶴骨老凜然不知秋去住兩
無礙天人爭挽留去如龍出
雷雨卷潭湫來如珠還浦魚
鱉爭駢頭此生暫寄寓常
恐名實浮我比陶令愧
師為遠公優送我還過溪
水當逆流聊使此人山永記
二老遊大千在掌握寧有離
別憂
元祐五年十二月十九日

圖版四七　宋蘇軾「次辯才韻詩」（台北　故宮博物院藏「宋四家眞蹟册」之二）
上鈐項元汴、王鴻、乾隆等收藏印。

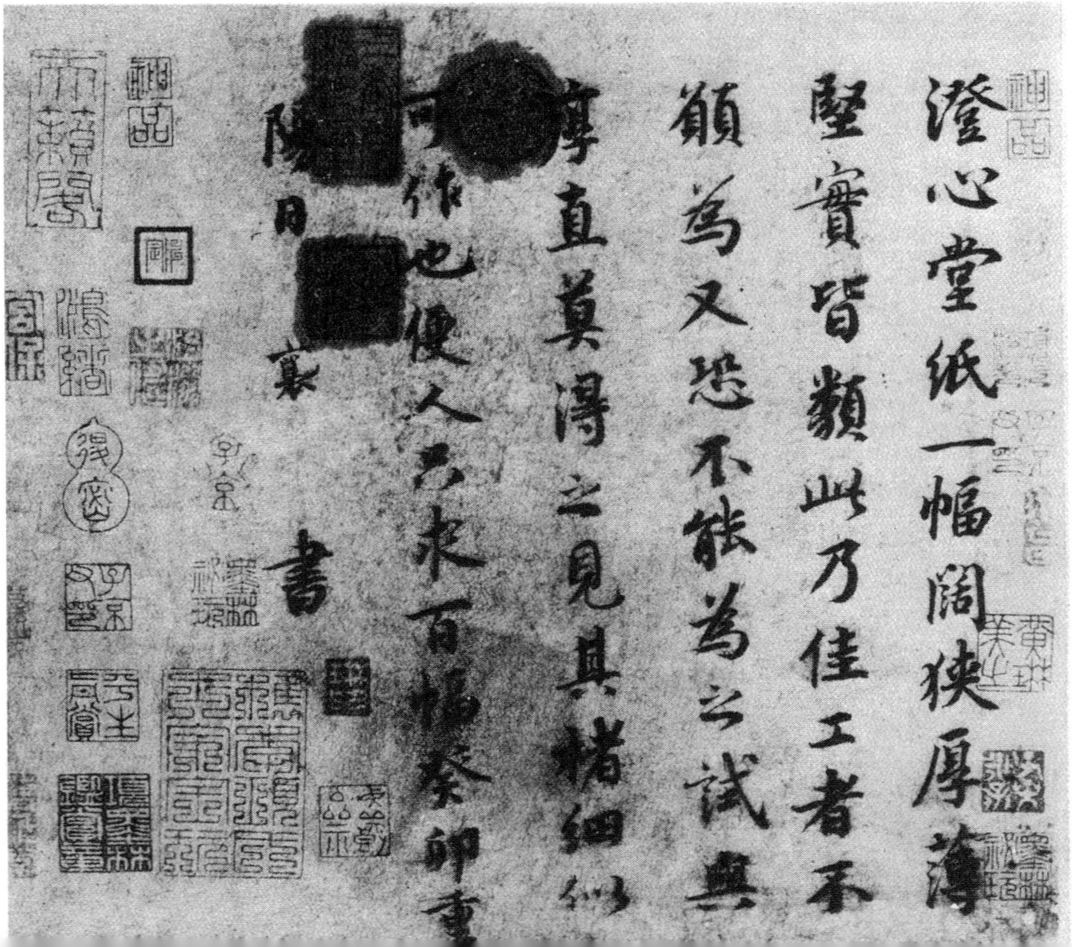

圖版四八　宋蔡襄「澄心帖」（台北　故宮博物院藏「宋四家眞蹟」之八）
上鈐項元汴印二人餘方。